clave

Wayne W. Dyer (1940-2015) fue un renombrado conferenciante y un autor conocido internacionalmente en el área de la autoayuda. Doctor en orientación educativa por la Universidad de Wayne y profesor en la Universidad de Nueva York, dedicó gran parte de su vida a dar conferencias, a impartir cursos y a escribir. De sus más de cuarenta obras publicadas cabe destacar *Tus zonas erróneas*, posiblemente el libro de autoayuda más leído del mundo con más de treinta y cinco millones de ejemplares vendidos.

WAYNE W. DYER

Construye tu destino

Traducción de
José Manuel Pomares

DEBOLS!LLO

Construye tu destino

Título original: *Manifest Your Destiny*

Cuarta edición en esta colección en España: marzo, 2015
Primera edición en Debolsillo en México: noviembre, 2016

D. R. © 1997, Wayne W. Dyer

Traducido de la edición original de HarperCollins Publishers Inc., Nueva York, 1997

D. R. © 1997, de la edición en castellano para España y América:
Penguin Random House Grupo Editorial, S. A. U.
Travessera de Gràcia, 47-49, 08021, Barcelona

D. R. © 2016, derechos de edición mundiales en lengua castellana:
Penguin Random House Grupo Editorial, S. A. de C. V.
Blvd. Miguel de Cervantes Saavedra núm. 301, 1er piso,
colonia Granada, delegación Miguel Hidalgo, C. P. 11520,
Ciudad de México

www.megustaleer.com.mx

D. R. © 1997, José Manuel Pomares, por la traducción

Penguin Random House Grupo Editorial apoya la protección del *copyright*.
El *copyright* estimula la creatividad, defiende la diversidad en el ámbito de las ideas y el conocimiento,
promueve la libre expresión y favorece una cultura viva. Gracias por comprar una edición autorizada
de este libro y por respetar las leyes del Derecho de Autor y *copyright*. Al hacerlo está respaldando a los autores
y permitiendo que PRHGE continúe publicando libros para todos los lectores.

Queda prohibido bajo las sanciones establecidas por las leyes escanear, reproducir total o parcialmente esta
obra por cualquier medio o procedimiento así como la distribución de ejemplares
mediante alquiler o préstamo público sin previa autorización.
Si necesita fotocopiar o escanear algún fragmento de esta obra diríjase a CemPro
(Centro Mexicano de Protección y Fomento de los Derechos de Autor, http://www.cempro.com.mx).

ISBN: 978-607-314-943-3

Impreso en México – *Printed in Mexico*

El papel utilizado para la impresión de este libro ha sido fabricado a partir de madera procedente
de bosques y plantaciones gestionadas con los más altos estándares ambientales, garantizando
una explotación de los recursos sostenible con el medio ambiente y beneficiosa para las personas.

Penguin
Random House
Grupo Editorial

Shri Guruji
*Gracias por la inspiración para explorar
el mundo de las manifestaciones.
¡NAMASTE!*

*¿No está escrito en vuestra Ley:
«Yo he dicho: dioses sois»?*

Juan, 10, 34

*Aquel día comprenderéis
que yo estoy en mi Padre
y vosotros en mí
y yo en vosotros.*

Juan, 14,20

ÍNDICE

Primer principio
Sé consciente de tu ser superior   21

Segundo principio
Confiar en ti mismo es confiar en la sabiduría que te
   creó   39

Tercer principio
No eres un organismo en un entorno, sino un *ambientorganismo*   57

Cuarto principio
Puedes atraer hacia ti aquello que deseas   76

Quinto principio
Respeta tus méritos para recibir   92

Sexto principio
Conéctate a la fuente divina con un amor incondicional   115

Séptimo principio
Medita al sonido de la creación   134

Octavo principio
Desvincúlate pacientemente del resultado 154

Noveno principio
Abraza tus manifestaciones con gratitud y generosidad 172

Resumen 195

INTRODUCCIÓN

Tienes, dentro de ti mismo, el poder para conseguir todo aquello que puedas desear. Este es el tema central de *Construye tu destino*, que no se parece a ningún otro libro que haya escrito previamente. He elegido escribir sobre el tema de la manifestación porque me he sentido atraído hacia él, y no porque sea el siguiente paso lógico en la sucesión de libros que he producido a lo largo de las dos últimas décadas. Y parece que me he sentido atraído hacia este tema por una fuerza que no me ha permitido ignorarlo.

Al empezar a escribir, noto una cierta humildad junto con una sensación de arrogancia por el simple hecho de abordar esta cuestión. Esos sentimientos me plantearon preguntas como: ¿Quién soy yo para escribir sobre esta capacidad para manifestarse? ¿Qué sé realmente sobre la manifestación? ¿Acaso no está reservado ese ámbito a los seres divinos? ¿Qué me otorga autoridad para dirigirme a los demás acerca de una capacidad que pertenece singularmente a los dioses? Estas preguntas se agitaron en mi mente; en último término me vi más motivado de lo que quisiera aceptar por las dudas sobre mí mismo.

Al iniciar la tarea de escribir sobre estos principios espirituales, no tenía ni la menor idea de lo que iba a decir, cómo lo diría y cuántos principios encontraría. Hice entonces lo que había animado a hacer a mis lectores de mi libro más reciente *Tu yo sagrado*. Desterré de mi mente todas mis dudas y empecé a escuchar las voces interiores que seguían diciéndome que recibiría la guía que necesitaba y que no me encontraría a solas en este proyecto. En otras palabras, me rendí y profundicé en mis meditaciones, permitiéndome a mí mismo liberarme de todo temor y duda y, simplemente, confiar.

Una parte de mí mismo sabía que todos nosotros poseemos la capacidad para manifestar el mundo invisible del espíritu en el mundo material. Lo creía así porque las palabras de todos los grandes maestros espirituales nos animan a vernos como seres ilimitados y a ver que hasta el más humilde de nosotros tiene a su disposición el poder divino de Dios, en cada uno de los momentos de nuestras vidas. Pero parecía una tarea intimidante el atreverme a escribir eso en un libro, y ofrecer los principios espirituales que tenemos que aprender y dominar para hacerlo así.

Fue entonces, cuando consideraba el escribir sobre esos principios sin tener siquiera una idea muy clara de cuáles eran con exactitud y en qué orden debía presentarlos, cuando recibí un mensaje de un maestro llamado Guruji, a quien está dedicado este libro. En ese mensaje, Shri Guruji me daba instrucciones para que escuchara una cinta sobre el poder de manifestarse y para que practicara en mi propia vida lo que se me enseñaba, para luego presentar al mundo esta técnica de la manifestación. Me explicó que la capacidad para manifestarse había sido conocida y practicada por los grandes maestros y sabios orientales durante miles de años y que se mantuvo luego en secreto durante siglos.

Escuché la cinta con gran interés y empecé a practicar en mis meditaciones cotidianas los principios de la manifestación, tal como se presentan en este libro. Experimenté resultados asombrosos casi de inmediato. Empecé a incluir entonces un análisis de esos resultados en mis conferencias y a enseñar esos principios espirituales, que había empezado a practicar en mi vida, aunque sin catalogarlos u organizarlos de ninguna forma.

Pocos meses más tarde produje un disco compacto y casette titulado *Meditaciones para la manifestación*, y miles de personas empezaron a utilizar estos principios y a practicar las técnicas meditativas de la manifestación. Los resultados han sido mentalmente increíbles. Las personas que utilizan estas técnicas y una meditación sana, me han escrito desde todas las partes del mundo.

La meditación sana, descrita en este libro, ha producido manifestaciones asombrosas en las vidas de muchas personas. He escuchado contar historias de manifestación de ascensos laborales, de personas supuestamente imposibilitadas para tener un bebé y que, sin embargo, lo han tenido, de desprenderse de una casa que se hallaba a la venta durante algunos años sin encontrar compradores potenciales, y de otras historias de prosperidad y curación que bordean el verdadero milagro.

Sé que estos principios funcionan. Su poder milagroso no se basa en la creencia, sino en la certeza. Sé que tenemos poderes divinos que no hemos utilizado hasta ahora debido principalmente a nuestros condicionamientos. Sé que tú, si practicas aplicadamente estos nueve principios, puedes empezar a manifestar por ti mismo todo aquello que seas capaz de concebir con tu mente.

Soy consciente de que entrar en este ámbito de la manifestación es como recorrer un camino con el que no estamos familiarizados. Al decidir entrar en lo desconocido, es evidente que no puedes saber con seguridad lo que te espera. Te pido, por tanto, que evites cuidadosamente llenar ese camino con ideas preconcebidas. Haz un esfuerzo por leer estos principios y por empezar a aplicarlos en tu vida cotidiana sin juzgarlos basándose en aquello que ha sido condicionado a creer sobre sí mismo como una persona que «sólo es humana» y, en consecuencia, limitada. Las ideas preconcebidas sólo servirán para contaminar tu potencial ilimitado para manifestar tu deseo más querido. Lo que desees tiene una importancia fundamental, aunque es posible que no hayas pensado nunca que el deseo y una conciencia espiritual superior sean cosas compatibles.

Es imposible imaginar un mundo sin deseo. Crear es desear. Incluso el deseo de no tener ningún deseo, ya es en sí mismo un deseo. Tus deseos, cultivados como semillas de potencial en el camino de la conciencia espiritual, pueden florecer en forma de libertad para poder tenerlos en paz y armonía con tu propio mundo.

Darse permiso a uno mismo para explorar ese camino significa tomarse la libertad de utilizar la mente para crear el mundo material exacto que encaja con tu mundo interior. Ese mundo interior es el que actúa como catalizador para determinar las experiencias del mundo físico. Tendrás que abandonar la idea de que te encuentras impotente ante las circunstancias de tu vida. Necesitarás abandonar la mentalidad de grupo que te dice que eres incapaz de producir una manifestación. El pensamiento de grupo inhibe tus capacidades naturales para crear tu propia vida, tal y como deseas que sea.

Examina las presiones y creencias que has incorporado en ti mismo, que reflejan el pensamiento de tu familia más inmediata, de tu familia más amplia, de tu comunidad, el grupo religioso al que perteneces, el grupo étnico, el grupo educativo/empresarial, o cualquier otra multitud de unidades especializadas de personas. Determina aquellos ámbitos en los que tu vida se ve mediatizada por las disposiciones mentales predeterminadas, que hacen que tu evolución personal sea más lenta porque aquello que realmente deseas o crees no obtiene ninguna energía de tu propia singularidad.

Al mantenerte conectado con una conciencia de grupo, estás diciendo en realidad: «Elijo evolucionar lentamente». Además, esa disposición mental siempre te da permiso para ser débil e impotente. Elige evolucionar con un grupo, en lugar de hacerlo espontáneamente, tal como te dicta tu conciencia interior.

Si comprendes verdaderamente la capacidad para la manifestación, te darás cuenta de que puedes controlar la velocidad a la que se produzca el cambio en tu vida. Un místico practicante se manifestará rápidamente porque está conectado con el mundo situado detrás de sus ojos, en lugar de ver el mundo como algo dictado por los ojos del grupo y de todos sus antecesores.

Al experimentar la desconexión respecto a esas fuerzas exteriores, verás cómo aumenta drásticamente la velocidad de tu evolución. Si escuchas una voz interior, detrás de los globos oculares, que te dice: «Avanza», ya no aguardarás a esperar a alguien para avanzar, antes de dar el primer paso. Ya no tendrás que revisar tus sugerencias para contrastarlas con la mentalidad del grupo, que está destinada a mantenerte seguro y a desanimar tu individualidad.

Pude iniciar mi viaje de iluminación sólo después de reconocer plenamente que el acuerdo del grupo para mantenerme a salvo y para amarme inadecuadamente, no me permitía buscar algo de más empeño. Si esperas a que todos los demás hayan aprendido a manifestar sus deseos más queridos, no dispondrás de tiempo suficiente en esta vida para iniciar siquiera tu propio viaje. Tienes que desconectarte de tu condicionamiento y saber, dentro de ese espacio íntimo situado detrás de tus ojos, que puedes aceptar y aceptarás el desafío de manifestar tu destino.

Al cultivar la convicción interna sobre la manifestación del mundo de lo invisible en el mundo material, comprenderás que hay una fuerza universal que se encuentra en todas las cosas del universo. No hay un Dios separado para cada individuo, cada planta, cada animal, cada mineral. Todos son uno. En consecuencia, la misma fuerza divina que hay dentro de ti, que te hace pensar y respirar, se encuentra simultáneamente en todos los seres humanos y en todas las cosas. Es algo universal. Así pues, no existe lugar alguno en el que no esté. En consecuencia, lo que percibes como ausente de tu propia vida, también contiene la misma fuerza divina o inteligencia universal que está dentro de ti.

La manifestación, por lo tanto, no es más que el dar forma a un nuevo aspecto de ti mismo. No estás creando algo a partir de la nada. Aprende a alinearte con un aspecto de tu ser que tus sentidos no sabían que pudiera ser activado. Esto constituye una parte muy importante de esta comprensión. ¡Tú y aquel que deseas manifestar en tu vida sois uno!

Cuando escribía este libro, tuve la experiencia de escritura más pacífica de la que he disfrutado jamás. Lo que tienes ahora entre tus manos es el resultado de estos nueve principios. Cada día hacía exactamente lo que había escrito acerca de ellos.

Mientras los practicaba, me di cuenta de que estaba produciendo un manual para la manifestación espiritual, que cualquiera podía tomar y empezar a aplicar en el mismo instante en que leía las palabras impresas. Sabía que no tenía necesidad de llenar este libro con cientos de ejemplos de estos principios y cómo habían funcionado en mí y en muchos de mis estudiantes, así como entre los lectores distribuidos por todo el mundo. Sabía que no era necesario incluir un gran número de citas y afirmaciones, como he hecho en muchos de mis libros anteriores. Esto era algo completamente diferente.

La palabra clave que mantuve en mi mente mientras escribía y que permitió que estos principios se manifestaran a través de mí fue «ceñirse» al tema. Para mí, eso significó renunciar a toda palabrería extraña, a no incluir casos de estudio y a utilizar un mínimo de citas. Me acostumbré a un estilo de escritura caracterizado como: «Di lo que quieras decir. Dilo con sencillez. Dilo directamente. Dilo desde el fondo de tu corazón y resiste la tentación de escribir con exceso». Y eso fue lo que hice al producir este libro.

No hay capítulos sino, sencillamente, nueve principios. Cada uno de ellos se explica de la forma más simple y directa que he sido capaz de encontrar. Cada uno de ellos procede directamente desde el fondo de mi corazón y no de mi cabeza. Escuché mi propia guía y luego escribí lo que ésta me indicaba. Sólo paré cuando tuve la sensación de haber dicho lo que necesitaba decir y de haber aportado sugerencias específicas para poner en práctica estos principios. Tienes en tus manos el manual que más se «ciñe» al tema y que he sido capaz de producir para enseñar los principios fundamentales para la manifestación individual.

Tengo la convicción de que si practicas estos nueve principios, encontrarás guía. No estarás solo en este viaje y verás cómo tus deseos se manifiestan como tu destino en tu vida cotidiana.

Finalmente, sabrás que tu tarea consiste en decir «¡Sí!», en lugar de preguntar «¿Cómo?». Yo sólo te envío todas las luces verdes.

WAYNE W. DYER

Primer principio

Sé consciente de tu ser superior

Dentro de ti mismo existe una capacidad divina para la manifestación y para atraer todo aquello que necesitas o deseas. Esta es una afirmación tan poderosa que te sugiero vuelvas a leerla para saborearla, antes de iniciar este viaje.

La mayor parte de las cosas que se nos enseña a creer acerca de nuestra realidad entran en conflicto con esa afirmación. No obstante, estoy tan convencido de que es cierta y valiosa que te animo a desprenderte de todas tus vacilaciones y permitir que ese pensamiento entre en tu conciencia: *Tengo la capacidad divina para manifestar y atraer lo que necesito o deseo.*

Ser consciente de tu ser superior no es algo que ocurra a través del esfuerzo físico, ni puede basarse en técnicas sobrenaturales como invocar a los ángeles para que realicen esa tarea celestial en tu nombre. De lo que se trata, esencialmente, es de aprender que eres un cuerpo físico situado en un mundo material, al mismo tiempo que un ser no físico que puede acceder a un nivel superior. Ese nivel superior se encuentra dentro de ti mismo y se llega a él a través de las fases del desarrollo adulto.

Son muchos los escritores que han explorado las fases de desarrollo de la infancia hasta la adolescencia, pero muy pocos de ellos han escrito sobre las fases de desarrollo de la edad adulta. Una vez que alcanzamos la edad adulta, cada uno de nosotros parece pasar por cuatro fases. Esas fases de nuestra vida representan una forma de pensar, aunque no están necesariamente asociadas con la edad o la experiencia. Algunos de nosotros avanzamos con rapidez a través de ellas, aprendemos a una edad temprana que somos un yo físico al mismo tiempo que un yo superior. Otros, en cambio, permanecen durante toda su vida anclados en una de las primeras fases.

Carl Jung, en *El hombre moderno en busca de un alma*, ofreció algunas percepciones críticas sobre las tareas de desarrollo de la edad adulta. Estaba convencido de que la conciencia de un yo superior constituye una tarea de desarrollo de la edad adulta. En la siguiente sección ofrezco mi propia interpretación de las fases del desarrollo adulto del doctor Jung.

Escribo sobre estas fases con un cierto grado de experiencia porque he pasado muchos años en cada una de ellas. Han sido como peldaños para ascender a mi conciencia de un yo superior. Cada fase supuso experiencias que me permitieron seguir avanzando en mi pensamiento y en mi conciencia. En último término, llegué al nivel en los que pude utilizar esos nueve principios para cocrear mi propia vida. Es decir, para manifestar mi propio destino.

Al leerlos, examina las fases personales y únicas de tu desarrollo adulto que encuentran un paralelo en los arquetipos del doctor Jung. Tu objetivo consiste en ser consciente de tu yo superior como una dimensión de tu ser que trasciende las limitaciones del mundo físico.

Las cuatro fases del desarrollo adulto

El atleta

La palabra «atleta» no tiene aquí la intención de denigrar a los atletas o el comportamiento atlético, sino la de servir como una descripción del período de nuestras vidas adultas en el que nos identificamos fundamentalmente con nuestro cuerpo físico y en cómo funciona en nuestra vida cotidiana. Es el período en el que medimos nuestro valor y felicidad por nuestro aspecto y nuestras capacidades físicas.

Esas capacidades son muy numerosas y singularmente personales. Pueden incluir cosas tales como la rapidez con la que podemos correr, lo lejos que arrojemos una pelota, lo alto que podamos saltar y el tamaño de nuestros músculos. Juzgamos el valor de nuestro aspecto físico por un canon de capacidad de atracción basado en la forma, el tamaño, el color y la textura de las partes del cuerpo, el cabello y la tez. En una cultura de consumo como la nuestra, el juicio se extiende incluso al aspecto de nuestros automóviles, casas y ropas.

Se trata de preocupaciones que tenemos cuando la persona se encuentra en la fase inicial del desarrollo adulto. Es el período en el que la vida parece imposible sin un espejo y una corriente continua de aprobación que nos haga sentirnos seguros. La fase del atleta es el período de nuestro desarrollo adulto en el que nos identificamos más completamente con nuestro rendimiento, atracción y logros.

Muchas personas dejan atrás la fase del atleta y llegan a hacerse consideraciones más significativas. Algunos de nosotros entramos y salimos de esta fase, dependiendo de nuestras circunstancias personales. Unos pocos permanecen en la fase del atleta durante toda su vida.

Que tú avances más allá de la fase del atleta es algo que viene determinado por cómo te obsesiones por tu propio cuerpo como fuente primordial de autoidentificación. Evidentemente, es saludable cuidar del cuerpo, tratándolo amablemente, ejercitándolo y nutriéndolo de la mejor forma que te permitan tus circunstancias. Enorgullecerte de tu aspecto físico y disfrutar de los cumplidos que se te hagan no significa, sin embargo, que estás obsesionado por tu cuerpo. No obstante, si tus actividades cotidianas giran alrededor de un criterio determinado de rendimiento y aspecto, te encuentras en la fase que he dado en llamar del «atleta».

No es éste un período en el que puedas practicar el arte de la manifestación. Para alcanzar la capacidad de saber y utilizar tu energía interior divina, tienes que superar la idea de que eres un ser exclusivamente físico.

El guerrero

Una vez que hemos dejado atrás la fase del atleta, entramos generalmente en la fase del guerrero. Se trata de un período en el que el ego domina nuestras vidas y nos sentimos impulsados a conquistar el mundo para demostrar nuestra superioridad. Mi definición del ego es la idea que tenemos de nosotros mismos como importantes y separados de todos los demás. Esto puede verse como un acrónimo de *e*xclusivamente guía *o*portunista, puesto que el ego representa nuestra identificación exclusiva con nuestro sí mismo físico y oportunista en nuestro mundo material.

El objetivo del guerrero impulsado por el ego es el de someter y derrotar a los demás en una carrera por alcanzar el primer puesto. Durante esta fase nos ocupamos de alcanzar objetivos y logros en competencia con otros. Esa fase dominada por el ego está llena de ansiedad, y de una interminable comparación de nuestro éxito. Los trofeos, recompensas, títulos y la acumulación de objetos materiales es lo que nos sirve para registrar nuestros logros. El guerrero se siente intensamente preocupado por el futuro y por todo aquello o aquel que pueda interponerse en su camino o interferir con su estatus. Se ve motivado por eslóganes como: «Si no sabes adónde vas, ¿cómo sabrás que has llegado?»; «El tiempo es oro, y el oro lo es todo»; «Ganar no lo es todo, es lo único»; «La vida es lucha»; «Si yo no consigo lo que me corresponde, algún otro lo conseguirá».

En la fase del guerrero, el estatus y la posición en la vida se convierten en obsesiones. Convencer a los demás de nuestra superioridad es el motivo de este período de la vida en el que el ego es el director. Es el período en que tratamos de hacer lo que hacen los guerreros: conquistar y reclamar para nosotros los despojos de nuestras victorias.

La prueba para determinar si has abandonado esta fase o no consiste en examinar cuál es la fuerza impulsora en tu vida. Si la respuesta es conquistar, derrotar, adquirir, comprar y ganar a toda costa, está claro que todavía te encuentras en la fase del guerrero. Probablemente entrarás y saldrás con regularidad de esta fase como una forma de funcionar con efectividad en el mercado. Sólo tú mismo puedes determinar con qué intensidad esa actitud domina tu existencia e impulsa tu vida. Si vives fundamentalmente instalado en este nivel, no podrás llegar a manifestar, en el sentido que estoy describiendo.

El estadista

La fase de la vida dominada por el estadista es el período en que se ha logrado domeñar el ego y cambiar la conciencia. En esta fase, queremos saber qué es lo importante para la otra persona. En lugar de obsesionarnos por nuestras propias cuitas, podemos preguntar con verdadero interés cuáles son las del otro. Hemos empezado a saber que nuestro propósito fundamental es el de dar, antes que el de recibir. El estadista sigue siendo alguien que trata de lograr cosas y, con mucha frecuencia, es atlético. No obstante, el impulso interior es el de servir a los demás.

La auténtica libertad no puede experimentarse hasta que no se aprenda a dominar el ego y dejar atrás la obsesión por uno mismo. Cuando te sientas alterado, ansioso o sin propósito, pregúntate en qué medida eso se debe a tu forma de valorar cómo estás siendo tratado y percibido. Sólo se es verdaderamente libre cuando puede uno desprenderse de sus propios pensamientos sobre sí mismo durante un prolongado período de tiempo.

Pasar de la fase del guerrero a la del estadista fue para mí una experiencia extremadamente liberadora. Antes de efectuar el cambio tuve que considerar todas las necesidades de mi ego cuando daba conferencias. Eso significaba abrigar preocupación acerca de cómo sería recibido y analizado, si la gente querría comprar mis libros y cintas, o acerca del temor de perder la compostura y alterarme.

Llegó entonces un momento en el que, sin necesidad de realizar ningún esfuerzo consciente, empecé a meditar antes de mis conferencias. Durante mi meditación, recitaba en silencio un mantra en el que me preguntaba cómo podía servir. Mi pronunciación mejoró significativamente una vez que me alejaba de mi ego y entraba en la fase del estadista.

La fase estadista de la edad adulta tiene que ver con el servicio y el agradecimiento por todo aquello que uno ha logrado en la vida. En este nivel te encuentras muy cerca de tu yo superior. La fuerza fundamental en tu vida ya no es el deseo de ser el más poderoso y atractivo, o el de dominar y conquistar. Has entrado en el ámbito de la paz interior. Siempre se encuentra la bendición que se busca cuando se actúa al servicio de los demás, independientemente de lo que hagas o de cuáles sean tus intereses.

Una de las historias más conmovedoras que he escuchado es la de la madre Teresa que, incluso superados los ochenta años, cuida de los menesterosos que encuentra en las calles de Calcuta. Una amiga mía de Phoenix tenía programado hacerle una entrevista radiofónica. Mientras conversaban, antes de iniciar la entrevista, Pat le dijo: «Madre Teresa, ¿hay algo que yo pueda hacer para ayudar a tu causa? ¿Puedo ayudarla a conseguir dinero o darle alguna publicidad?».

La madre Teresa contestó: «No, Pat, no necesita hacer nada. Mi causa no tiene nada que ver con la publicidad, y tampoco con el dinero. Se trata de algo mucho más elevado que eso».

Pat insistió y dijo: «¿De veras que no hay nada que pueda hacer por usted? Me siento impotente».

La respuesta de la madre Teresa fue: «Si realmente desea hacer algo, Pat, levántese mañana a las cuatro y salga a las calles de Phoenix. Encuentre a alguien que viva en ellas y que crea que está solo, y convénzalo de que no lo está. Eso es lo que puede hacer». Eso es una verdadera persona estadista, capaz de entregar a los demás todos y cada uno de los días de su existencia.

Al ayudar a otros a saber que no están solos, que también ellos tienen un espíritu divino dentro de sí, independientemente de las circunstancias de sus vidas, avanzamos hacia un yo superior que nos aporta una sensación de paz y propósito que no puede alcanzarse en las experiencias del atleta y del guerrero. Es aquí donde podemos recordar las palabras de la madre Teresa: «Cada día veo a Jesucristo con toda clase de doloridos disfraces».

Todavía existe una fase superior a la del estadista. La cuarta fase es hacia donde te he estado dirigiendo cuidadosamente en este viaje de desarrollo de la conciencia.

El espíritu

Al margen de la edad que tengas y la posición que ocupes, cuando se entra en esta fase de la vida, se reconoce la verdadera esencia, el yo superior. Al conocer tu yo superior, te encuentras camino de convertirte en el cocreador de todo tu mundo, de aprender a controlar las circunstancias de tu vida y a participar con seguridad en el acto de la creación. Así, te conviertes literalmente en un manifestador.

La fase espiritual de la vida se caracteriza por una conciencia de que este lugar llamado tierra no es tu hogar. Sabes que no eres un atleta, un guerrero o incluso un estadista, sino una energía infinita, ilimitada, inmortal, universal y eterna que reside temporalmente en un cuerpo. Sabes que nada muere, que todo es una energía que se encuentra cambiando constantemente.

Como alma con un cuerpo, te sientes apasionadamente atraído hacia tu mundo interior. Dejas atrás los temores y empiezas a experimentar una especie de distanciamiento con respecto a este plano físico. Te conviertes en un observador de tu mundo y pasas a otras dimensiones de la conciencia. Esta energía interior infinita no está solo en ti, sino también en todas las cosas y todas las personas vivas o que hayan vivido en el pasado. Empieza a saber eso íntimamente.

Para evolucionar más allá del plano terrenal, necesitas aprender a dejarlo a voluntad para encontrar la fuente de esa energía infinita que es la responsable de llenar tus pulmones, hacer latir tu corazón, crecer tu cabello y permitirte leer las palabras de esta página. Tú, como ser físico, no haces crecer tu cabello; es la naturaleza la que lo hace por ti. La energía que tú eres se encarga de todos los detalles. Ese espíritu que tú eres no se halla contenido en modo alguno por el dominio físico. No tiene fronteras, ni formas, ni limites en sus bordes exteriores. Tú eres consciente de la verdadera fuente de la vida, aun cuando se te haya condicionado para pensar de otro modo.

Al alcanzar este nivel, te encuentras en el espacio en el que pienso como *estar en este mundo, pero sin ser de este mundo*.

Esa energía que eres, y que puedes llamar como quieras, espíritu, alma, no puede morir nunca y nunca ha muerto en el pasado. La mayoría de la gente piensa en el mundo espiritual como algo que sucederá en el futuro, que conocerán después de la muerte. A la mayoría de nosotros se nos ha enseñado que el yo superior es algo que no se puede conocer mientras nos encontremos atrapados en un cuerpo en este planeta. No obstante, el espíritu es *ahora*. Está en ti en este preciso momento y la energía no es algo que terminarás por conocer, sino que es lo que tú eres aquí y ahora.

La energía invisible que estuvo en un tiempo en Shakespeare, en Picasso, en Galileo o en cualquier forma humana, también está disponible para todos nosotros. Esa es la razón por la que la energía espiritual no muere, sino que simplemente cambia de forma.

Aun cuando nuestro cerebro racional haya sido entrenado para creer que cuando una persona muere su espíritu desaparece, la verdad es que no se puede destruir la energía. Tu yo superior es el espíritu actualmente existente dentro de ti. La energía que fue Picasso no fue su cuerpo, como tampoco la energía que fue Shakespeare estuvo en su cuerpo. Fueron los sentimientos internos y el genio creativo lo que tomaron la forma de un cuerpo y una creación sobre el lienzo o el papel. Eso no murió nunca. No puede morir porque no tiene fronteras, ni principio ni final, ni características físicas a las que podamos llamar forma.

Esa energía está dentro de ti. Si quieres conocerla, puedes sintonizar con ella y, cuando lo hagas, abandona las limitaciones de este plano terrenal para entrar en una dimensión sin límites que te permite crear y atraer hacia ti todo aquello que deseas o necesitas para este viaje.

En este nivel, te desprendes de tu apego emocional a lo que consideras tu propia realidad. Ese desapego se ve seguido por la conciencia de que el observador que hay dentro de ti, que observa siempre lo que le rodea y sus propios pensamientos, es en realidad la fuente de tu mundo físico. Esto, unido a tu voluntad de entrar en ese ámbito, es el inicio del aprendizaje para atraer hacia ti aquello que deseas y necesitas mientras te encuentras en un mundo físico.

Hasta ese momento es muy probable que no hayas podido desprenderte de tu apego por el mundo material. Quizá creas que no existe otro mundo. Si fuera así, has abandonado tu capacidad divina, lo cual es la causa de lo intensamente que te apegas al mundo sensorial. Adquirir la conciencia de que posees un yo superior que es universal y eterno, te permitirá acceder con mayor libertad a ese mundo y participar en el acto de manifestar los deseos de tu corazón.

Lo visible y lo invisible

Considera por un momento el mundo de la forma que ves a tu alrededor, incluido tu cuerpo. ¿Cuál es la causa de todo lo que observas? Contempla quién es el que observa y toma nota de todo el «material». ¿Quién es ese invisible «Yo» dentro de todos los tubos, huesos, arterias y piel que constituyen tu forma física? Para conocerte auténticamente a ti mismo, tienes que comprender que todo aquello que observas a tu alrededor fue y es causado por algo que existe en el mundo de lo invisible. Ese algo es el mundo del espíritu.

Al observar un roble gigantesco, pregúntate qué hizo que

el árbol se convirtiera en lo que es ahora. Empezó a partir de una diminuta bellota, un joven plantón que creció hasta convertirse en un poderoso árbol. Tu mente lógica y racional te dice que dentro de aquella bellota tuvo que haber algo parecido a la «arboridad». Lo único que encuentras es una masa de materia amarronada, de polvo en reposo. Si examinas más atentamente esa masa amarronada que constituye la bellota, encontrarás jirones más pequeños de materia amarronada, hasta que en último término descubrirás moléculas característicamente «abellotadas». Luego encontrarás átomos y después electrones y partículas subatómicas, hasta que finalmente encontrarás lo más pequeño posible con ayuda de un potente microscopio. Aquí descubrirás que no existen partículas, sino ondas de energía que van y vienen misteriosamente.

Tu conclusión será que la bellota y el árbol tienen un creador invisible e inconmensurable, llamado espíritu o alma por aquellos de nosotros que necesitan clasificar estas cosas. La fuente de todo, por tanto, es una no cosa, ya que no se encuentra en la dimensión de lo mensurable.

Este mundo invisible que es la fuente del mundo de lo que se ve, es también la causa original de tu existencia. Obsérvate científicamente a ti mismo y descubrirás que no eres tu propia creación. Si no te has creado a ti mismo, ¿qué es lo que te ha creado?

Podemos remontarnos a la concepción y explicar la creación como una gota de protoplasma humano que colisiona con otra, y que tiene como resultado tu apariencia en forma de una diminuta mancha que creció hasta convertirse en el cuerpo que eres ahora. Pero, si reflexionas un poco más sobre esas gotas de protoplasma humano y aumentas la potencia del microscopio, y si haces lo mismo con la mancha que fue tu primera experiencia de forma, descubrirás la misma verdad que definió a la bellota. Al principio eres energía, una energía que no tiene dimensiones, que no está en el mundo visible. Ese es nuestro yo original. Es una potencialidad, no un objeto. Una «atracción futura» si quieres, el potencial de convertirte en algo y dejar de ser una no cosa.

De un modo u otro, todo el mundo cree que tiene un alma o un espíritu, pero que no es importante para la vida cotidiana. Puede llegar a ser realmente significativo, sin embargo, después de que muera el cuerpo. Aquí adopto una postura diferente, que constituye el núcleo de este primer principio de la manifestación. Te conducirá a tu yo superior y luego a la capacidad para vivir una vida milagrosa de cocrear con Dios tu estado ideal del ser. Además, este espíritu es permanente e incapaz de perderse o eliminarse.

Tu destino es el de convertirte en cocreador con Dios y atesorar la santidad de todo lo que existe en este mundo de la forma que llamamos hogar, pero que en realidad sólo es un lugar de paso transitorio.

Tu capacidad creativa se origina en la mente invisible. Se inicia en el mundo invisible de las ondas y la energía. Así sucede también con los planetas, las estrellas, las flores, los animales, las rocas, tú mismo, tus posesiones, tus creaciones…, todo, sin excepciones. Examina cualquier cosa y descubrirás que en el núcleo no hay forma, sino sólo una cualidad invisible que le hace llegar desde el mundo de lo invisible al mundo de lo observable.

Es este mundo de lo invisible lo que quisiera que consideraras a medida que lees estas palabras. Imagina que hay dos mundos en los que coexistieras en todo momento. Mira ahora a tu alrededor, al mundo de la forma. Mira luego dentro de ti mismo para darte cuenta de que ahí comienza la dimensión invisible, la que ni siquiera estamos cerca de comprender.

Luego, da el gran salto hacia la conciencia de que eres simultáneamente estos dos mundos. No estás separado del mundo de lo invisible más de lo que lo estás del mundo de lo visible. Eres una combinación de ambas cosas en todo momento de tu vida, aun cuando hayas terminado por creer que resides exclusivamente en el mundo de lo visible, y que lo invisible es otra cosa, diferente a ti mismo. Eres tú, todo ello. ¡Ahora mismo!

El problema al que nos enfrentamos la mayoría de nosotros para convertirnos en manifestadores y aprender a controlar las circunstancias de nuestras vidas es que hemos perdido nuestra capacidad para oscilar entre el mundo de la forma y el mundo de lo invisible. Imagina que existe una línea que cruza la estancia donde te encuentras en este momento. Supón que todo lo que se encuentra a la derecha de esa línea representa el mundo de lo visto. A la izquierda de la línea está todo aquello que es la causa de lo que se encuentra a la derecha. El mundo invisible está en la izquierda, y el mundo visible en la derecha.

Cuestiona ahora la creencia de que tú (el conjunto de ti mismo) no puedes entrar en el mundo situado a la izquierda de la línea imaginaria. Si cruzaras esa línea de vez en cuando, entrarías en el mundo del creador. ¿Se te ha enseñado que el creador es algo que se encuentra fuera de ti mismo? (En el segundo principio abordaré esto con más detalle.) Si es así, tu mundo interior (el mundo de lo invisible) está lleno de ideas que te prohíben participar en el proceso creativo.

Hay dogmas que consideran que la idea de participar en el proceso creativo es una blasfemia, o una estupidez, o bien tenerse a uno mismo en una consideración demasiado alta. Pero volvamos a la frase inicial de este primer principio y leámosla de nuevo hasta que resuene en tu interior: *Dentro de ti mismo existe una capacidad divina para la manifestación y para atraer todo aquello que necesitas o deseas.*

Es incluso más que estar dentro de ti. Eres tú, y tienes que superar tus condicionamientos y darte permiso para entrar en ese mundo. Cruza la línea que separa tu yo físico del yo que es igual de real, solo que invisible. Al superar los obstáculos mentales que te impiden cruzar la línea, tu yo invisible será el billete que te conducirá a la creación en tu vida.

TRASCENDER TU CONDICIONAMIENTO

Te guste o no te guste, todos nosotros hemos sido condicionados para pensar y actuar de formas que se han hecho automáticas. Tenemos que imaginar cómo superar ese condicionamiento si queremos tener acceso a nuestro yo superior. Puedes estar seguro de que el ego no se tomará a bien esta clase de esfuerzo.

Pedirle al ego que contribuya a disminuir su propia importancia, para que tú puedas tener acceso a tu yo superior equivale a tratar de sostenerse sobre los hombros. El ego es tan incapaz de apartarse, como deferencia ante el espíritu, como el ojo es capaz de verse a sí mismo o la punta de tu lengua es capaz de tocarse a sí misma.

Así pues, tu tarea se convierte en un montón de paradojas. Si confías en que tu ego te ayude a superar sus propias influencias, no harás sino fortalecer el dominio que ejerce sobre ti. Tienes que imaginar cómo emancipar la conciencia de las limitaciones de tu mente y de tu cuerpo.

En el estado del ego te experimentas generalmente a ti mismo como una entidad separada. Para ir más allá de este condicionamiento querrás empezar a verte como humanidad, antes que como una forma separada de un cuerpo. Dicho con palabras muy sencillas, si tienes la sensación de hallarte desconectado del resto de la humanidad y ser verdaderamente una entidad separada que necesita ponerse a prueba a sí misma y competir con los demás, no podrás manifestar el deseo de tu corazón.

La manifestación no se refiere a conseguir cosas que no estén aquí. Se trata más bien de atraer lo que ya está aquí y forma parte de ti mismo en un nivel espiritual. Si permaneces separado, aquello que deseas que se manifieste será continuamente inalcanzable para ti. Si desplazas esa conciencia a tu alrededor y puedes verte a ti mismo como parte de lo que deseas, habrás trascendido el condicionamiento de tu ego, y de todos los demás egos que hayan contribuido a este proceso en tu vida.

Con la toma de conciencia de Dios dentro de ti mismo, no sólo disuelves la identificación de tu ego como separado de Dios, sino que dejas atrás tus viejas formas de verte a ti mismo. Al despertar a tu yo superior, superarás con la práctica tu condicionamiento como ser separado.

A continuación se indican algunos de los pensamientos condicionados que hacen que el ego domine tu vida y te impiden materializar lo que tú deseas y lo que te desea a ti.

1. *No tengo control sobre mi vida. Esa fuerza se halla situada fuera de mí.* Esta clase de respuesta condicionada a las circunstancias de tu vida sitúa la responsabilidad al margen de ti y se convierte en una excusa útil cuando tu vida no sigue el camino que a ti te gustaría que siguiera.

   Puedes cambiar esta percepción en cualquier momento y empezar a confiar en que la fuerza vital del universo es exactamente lo que tú eres. Piensa cada día en esta idea percibiendo cómo fluye la fuerza vital a través de ti. Aleja tu atención de los pensamientos dominados por el ego acerca de las circunstancias de tu vida, y céntralos en el momento presente, observando conscientemente cómo respiras, los sonidos, las texturas, los olores y escenas que experimenta la fuerza vital a través de ti. Practica el alejamiento de los pensamientos acerca de tu vida en un momento dado, y procura experimentar la fuerza de la vida fluyendo a través de tus sentidos.

2. *La gente no puede manifestar, todo depende de cómo caiga el dado cósmico.* Es una idea muy popular, sobre todo entre aquellos que se encuentran en circunstancias que no les son propicias. Echar la culpa de lo que sucede a alguna fuerza externa e invisible que controla el universo es un hábito de condicionamiento que conduce a la descapacitación y, en último término, a la derrota. Tendrás que desprenderte de esta alucinación de que no tienes capacidad para atraer lo que deseas. Ten en cuenta que no estás practicando la magia cuando aprendes a manifestarte, sino que simplemente manifiestas un nuevo aspecto de ti mismo que ha permanecido oculto.

El universo no es algo que esté fuera de ti. Tú eres el universo. Tú eres esa fuerza que se manifiesta en todas las cosas, incluso en aquellas que no han logrado aparecer en tu vida hasta ahora. Recuerda, será lo que tú quieras que sea. Si crees que no puedes hacer algo, eso es precisamente lo que sucederá. «No puedo» conduce a la siguiente respuesta condicionada.

3. *Lo he intentado antes y nunca ha funcionado.* En este caso, la respuesta condicionada estriba en creer que, si intentas algo y fracasas, cualquier nuevo intento resultará en un fracaso. Aquí, la palabra clave es «intentar». Intentar algo significa esforzarse, trabajar por conseguir algo, dedicarle una gran cantidad de esfuerzo, establecer objetivos y así sucesivamente.

Deja el libro por un momento e intenta tomar un lápiz de la mesa. Simplemente, intenta tomarlo. Descubrirás que no existe eso de «intentarlo». O lo tomas o no lo tomas. Punto. Lo que tú llamas intentar tomarlo, es, simplemente, no tomar el lápiz.

Despréndete de tu obsesión por el pasado y los intentos y, en lugar de eso, permanece relajado y tranquilo, centrado en el momento presente, observando tu fuerza vital libre de juicios y explicaciones. Verás como las cosas buenas empiezan a multiplicarse en tu vida a medida que comprendas que tienes capacidad para influir en lo que te pase y que hay todo un universo lleno de abundancia esperándote una vez que abandones ese razonamiento que dice que tu pasado tiene que ser tu presente.

La razón por la que no has logrado manifestar lo que deseas es porque te encuentras apegado a una idea errónea. Tu pasado es una ilusión. Es el camino que has dejado atrás, y no puedes volver a él, al margen de lo que creas. Ahora estás en el presente, y el camino que tienes ante ti está lleno de cosas nuevas que no has hecho aún. Ahora puedes cambiar esa actitud a partir de tu mundo interior.

4. *Sólo pueden manifestarse los seres altamente evolucionados.* Así es como habla el ego, diciéndote que estás separado y eres distinto de tus maestros espirituales y de otros que viven en los niveles más altos. Aun cuando cada práctica espiritual te anime a ver aquello de divino que hay en ti, a saber que posees la misma mente que tu maestro, y a descubrir el reino de los cielos dentro de ti mismo, tu ego no puede aceptarlo. Se halla entregado a la separación y te convence de que eres menos que esos otros seres altamente evolucionados de los que has oído hablar.

Rechaza esos pensamientos e imagina cómo esa fuerza invisible que es la esencia divina que hay en ti te une a los demás seres. Nunca pongas a otros por encima o por debajo de ti, considéralos como a iguales. Es necesario asimilar esta idea plenamente antes de poder experimentar una verdadera transformación.

Estos son algunos de los pensamientos que dan vueltas en tu cabeza cada vez que contemplas la idea de tener lo que deseas.

El primer principio espiritual te ayudará a superar tus condicionamientos. Para ello deberás adoptar una nueva actitud con respecto a ti mismo y aplicarla en la vida cotidiana. Más que invitarte a leer sobre tu yo superior, te animo a que lo conozcas, a que lo busques en ti mismo y nunca vuelvas a dudar de él.

Tener una filosofía es inútil si se trata simplemente de una lista memorizada de rituales y enseñanzas de los expertos. Para que una filosofía funcione tiene que convertirse en una pauta de energía que utilices en tu vida cotidiana. Tienes que poseer una verdad eterna, al mismo tiempo que una calidad utilitaria que te la haga sentir. Sé que es cierto porque yo mismo la he aplicado y funciona.

También tú tienes un yo superior, y puedes llegar a conocerlo tanto en su dimensión visible como en la que no lo es. Una vez que te hayas convencido de esto, perderá tu poder la convicción de que el ego es la fuerza motivadora y dominante en tu vida.

Te animo a seguir las siguientes sugerencias para desarrollar este primer principio como una parte permanente de tu conciencia total. Este plan de acción funcionó para mí. Si me encuentro con una duda, regreso a este plan de cuatro puntos, que siempre me permite volver a reconciliarme con mi yo superior.

Cómo conocer tú yo superior sin ninguna duda

1. *He aquí una gran definición de iluminación: estar inmerso y hallarse rodeado de paz.*

    Tu yo superior sólo desea que te sientas en paz. No juzga, compara o exige que derrotes a nadie, o que seas mejor que nadie. Sólo desea que te sientas en paz. Cada vez que estés a punto de actuar, hazte la siguiente pregunta: «¿Me va a traer paz lo que estoy a punto de decir o hacer?». Si la respuesta es afirmativa, adelante, déjate guiar por la sabiduría de tu yo superior. Si la respuesta es negativa, recuerda que es tu ego el que está actuando.

    El ego promueve la confusión porque desea establecer su carácter individual, su separación de todo lo demás, incluido Dios. Te empujará en la dirección del juicio y la comparación, te hará insistir en tener razón y ser mejor. Puedes conocer tu yo superior escuchando la voz que sólo desea que te sientas en paz.

2. *Ve más allá de la restricción del plano físico.* El propósito del yo superior consiste en ayudarte en este esfuerzo. Lo hace creando un santuario interno que es tuyo y sólo tuyo. Acude a este retiro interior silencioso con tanta frecuencia como puedas, y libérate de las cosas que te atan al mundo exterior del ego.

    Al retirarte a este santuario, brotará dentro de ti una luz que aprenderás a conocer y respetar. Esa luz es tu conexión con la energía de la manifestación. Es como tomar un baño de luz pura; sentirás esta energía al tiempo que te retiras silenciosamente a tu interior. Esta luz no forma parte del plano terrenal. Te ayudará a ir más allá del mundo físico. Recuerda que no puedes ir más allá del plano terrenal si te encuentras todavía en él. Tu yo real e invisible puedes atraer la energía del sol, el viento y de todo aquello que sea celestial.

3. Niégate a defenderte ante cualquiera o ante nada en el plano terrenal. Tienes que aprender a permanecer dentro de tu pauta de energía superior, al margen de lo que suceda ante ti en el mundo material. Eso significa que te conviertes en una especie de sabio desconocido que se niega a interactuar con nada de lo que exista en este plano físico.

    Ese es el desafío del yo superior. Está más allá del sistema de realidad que identificas como materia y como forma. Utiliza tu luz interior para tu alineamiento y permite que quienes estén en desacuerdo con esa perspectiva tengan sus propios puntos de vista. Está en paz. No explicas ni haces gala de tu energía. Tú lo sabes, y eso es más que suficiente para ti.

4. Finalmente, ríndete y confía en la sabiduría que te creó. Estás desarrollando una fe que trasciende las convicciones y las enseñanzas de los demás. Esa confianza es tu rincón de libertad, y siempre será tuyo. De hecho, es tan importante que configura el segundo principio espiritual de la manifestación, sobre lo que leerás en cuanto pases a la siguiente sección.

    Tu yo superior no es simplemente una idea altiva y espiritualista. Es una forma de ser. Es el primer principio que tienes que entender y asumir para atraer hacia ti lo que deseas y necesitas para este paréntesis de eternidad que conoces como vida.

Segundo principio

Confiar en ti mismo es confiar en la sabiduría que te creó

Aprender a confiar puede ser difícil al principio. Será un ejercicio inútil si te basas en tu mente para crear confianza. Ello se debe a que la mente funciona sobre problemas materiales mediante la interpretación de datos sensoriales. Al volverse hacia las cuestiones espirituales, la mente intenta encontrar respuestas intelectuales mediante la utilización de pruebas, razonamiento lógico y teórico. Exige garantías y pruebas para establecer resultados tangibles.

En contraste, el método del corazón, centrado en la comprensión espiritual, supone un reconocimiento intuitivo del valor del amor. Mientras que la mente trata de conocer el espíritu estableciendo condiciones lógicas que deben satisfacerse para que se produzca una liberación de amor, el corazón emplea como método el amor intuitivo. No es la conclusión de ningún razonamiento. Es la forma de actuar propia de la espontaneidad, no el resultado de un regateo con el intelecto. El corazón confía en la sabiduría interior que siente y conoce espontáneamente, mientras que la mente exige pruebas científicas para poder confiar.

En occidente, a la mayoría de nosotros se nos ha enseñado que el centro de nuestra sabiduría se encuentra en la cabeza. Si se le pregunta a la gente dónde cree que está su capacidad para procesar el pensamiento y la experiencia, generalmente responderá que en el cerebro. Si se plantea la misma pregunta a personas conscientes espiritualmente, te indicarán que en el corazón.

Cuando la mente busca corroboración mediante pruebas específicas como ayuda para la comprensión espiritual, está invadiendo un ámbito mucho más apropiado para el corazón. Por esta razón, es necesario confiar en lo que el corazón sabe. Sin una confianza total es imposible conocer los milagros del yo superior y convertirse en un manifestador.

La vida espiritual no depende de la acumulación de información intelectual. La espiritualidad necesita del suelo fértil de los sentimientos que aporta la dimensión de lo invisible. Es imperativo confiar en el espacio de tu corazón para el crecimiento de una vida espiritual sana.

Eso significa cultivar una armonía entre mente y corazón y, para la mayoría de nosotros, eso supone a su vez terminar con la dominación del intelecto. La mente tiene que rendir su papel como juez permanente y permitir que el corazón contribuya con su sabiduría. Es este proceso de rendimiento el que permite que la confianza empiece a florecer, para sustituir a la duda.

La desconfianza se inicia pronto en la mayoría de los seres humanos. Es útil para darnos cuenta de por qué no se le ha permitido al espacio del corazón ser el centro de nuestro ser. A continuación se indican dos teorías que describen nuestro lugar en la naturaleza. Creo que estarás de acuerdo en que la primera teoría ilustra por qué se halla tan profundamente enraizada la desconfianza en nosotros mismos y nuestras capacidades divinas.

Dos teorías de la naturaleza que afectan a nuestra capacidad para confiar

Primera teoría: la naturaleza como un mecanismo

En la visión mecanicista de la naturaleza, todo es un artefacto hecho por un jefe que tiene muchos nombres diferentes. En la visión occidental, a ese jefe se le llama Dios.

Este Dios es representado a menudo como un ser masculino de barba blanca, que habita en el cielo y crea el mundo natural. En esta teoría, el mundo es un constructo y Dios el constructor. El Dios bíblico es paternal, autoritario, benéfico y, en muchos aspectos, tiránico. Sigue la pista de todas las cosas y conoce con exactitud lo que hace todo el mundo, y cuándo se transgreden sus leyes.

Uno de los aspectos operativos de esta teoría de la naturaleza es la idea del castigo por los propios pecados. Este Dios/padre nos pide cuentas por las transgresiones, juzgadas por varios intérpretes de sus leyes que han afirmado, a través de la historia, tener acceso a lo divino. Esencialmente, el universo es una monarquía en la que Dios es el rey y nosotros los súbditos. Se considera que todos los súbditos nacen con la mancha del pecado como parte de su naturaleza y, en consecuencia, no son dignos de confianza.

Esta teoría de la naturaleza hace que mucha gente se sienta enajenada, fomentando así la opinión de que estamos separados del jefe. Cuanto más separados nos sentimos de este Dios, tanto más percibimos la necesidad de crear alguna forma de sentirnos valiosos. Así pues, creamos la idea de nuestra importancia basándonos en elementos externos a los que llamamos «ego».

En último término, la dependencia del ego conduce a una mayor separación en la medida en que la vida se convierte en una contienda y una competencia con otros que nosotros mismos hemos designado. Pero la sensación de enajenación se ve parcialmente apaciguada por la actitud, dirigida por el ego, de «nosotros contra ellos». Se categoriza y se evalúa a la gente sobre la base de lo «egonómico», que incluye aspecto, tradición, lenguaje y características físicas.

Estoy convencido de que lo más preocupante de esta teoría de la naturaleza es el impacto que tiene sobre nuestra capacidad para movernos desde la seguridad que da confiar en uno mismo. Una vez que alguien se ha convencido de no ser digno, de ser básicamente un pecador, está perdido. Si no se es digno, ¿cómo puede uno pensar que lo es? No puede.

Todo se halla sujeto a duda cuando Dios es un jefe vengativo. Eso conduce a la confusión de dudar de todo, porque nuestras opiniones, sentimientos y convicciones no son dignas. En este marco, no se puede mantener siquiera la confianza en Dios, debido a la desconfianza hacia nosotros mismos. Y no confiar en ese Dios puede suponer el transgredir una de sus leyes. Es una situación sin salida.

Esta teoría de la indignidad de la naturaleza, por popular que sea, es absolutamente incompatible con el segundo principio de la manifestación. No se puede sintonizar con el poder y la energía del universo para crear y atraer una vida abundante si esa energía y ese poder radican fuera de uno mismo.

Segunda teoría: la naturaleza como espontánea e imparcial

Según esta teoría de la espontaneidad, Dios es inteligencia universal que fluye a través de todas las cosas, que inspira el despliegue del proceso natural. Se pone el énfasis en la necesidad de que reconozcamos la esencia divina que hay en todas las cosas, en lugar de esforzarnos por gestionar y controlar el mundo natural. La fuerza vital es imparcial y la responsable de toda creación.

En esta teoría, la naturaleza es un despliegue no forzado de las formas de la vida, y no hay «jefe» alguno. En lugar de aprender a gestionar y controlar el mundo natural, el impulso consiste en confiar en él. En esta teoría, Dios ama todas las cosas.

Los seres humanos son un aspecto de este Dios y son, por lo tanto, portadores de divinidad. En general, esta teoría considera a los seres humanos como el nivel superior de la vida. Confiar en este ser más evolucionado, supone confiar en la paradoja de lo que conocemos como comportamiento bueno y malo, egoísta y desprendido, avaricioso y generoso, de la misma manera que respetamos otras formas vitales confiando en sus procesos.

Si confiamos en nuestra naturaleza, no hay necesidad de inventar un ego que esté separado de lo divino. Sabremos instintivamente cómo vivir en armonía con la naturaleza. Cuando aprendamos a considerar a Dios como un poder invisible y amoroso que forma parte de todas las cosas y nos permite tomar nuestras propias decisiones, Dios se convertirá en una parte de nosotros mismos.

Estoy convencido de que nuestra naturaleza es mucho más fiable que nuestros pensamientos. Este segundo principio está orientado a fomentar el conocimiento de nosotros mismos, de modo que el proceso natural de lo que deseamos también nos desee a nosotros. Consideremos cómo nuestro sistema biológico atrae lo que necesita para que crezca el cabello, para digerir el alimento, para que las uñas sean duras o los pechos blandos, sin necesidad de que nuestros pensamientos dirijan el proceso. El pensar nos puede llevar a menudo por mal camino, mientras que nuestra naturaleza se despliega en forma de cuerpos y mentes que funcionan extraordinariamente bien. Cuando se confía en este proceso natural, se empieza a confiar en la naturaleza de todas las cosas. El Dios que hay en todo informa las propias y confiadas respuestas ante la vida.

El propio orden de la naturaleza es a veces tortuoso y otras veces recto, como se ve en las formas de las nubes o de las montañas. No siguen ninguna pauta que podamos percibir y, sin embargo, son perfectas. Cuando insistimos en controlar la naturaleza, estamos interfiriendo en ella.

La necesidad de corregir la naturaleza muestra desconfianza. Pero cuando nos relajamos y asumimos las infinitas variaciones del universo, estamos permitiendo que la divinidad de la naturaleza fluya y se despliegue a través de nuestra vida. Hemos sintonizado entonces con lo divino.

Piensa en ti mismo como una conciencia representada por Dios, del mismo modo que una ola forma parte del océano que está representado por el propio océano. Esta teoría de la naturaleza promoverá la clase de confianza que necesitas para atraer todo lo que te pertenece en el universo. Esa energía divina e invisible es el océano del que forma parte tu ola. Puedes llamarlo Dios, océano o cualquier otra cosa.

Se trata aquí de una toma de conciencia profundamente exquisita porque en tu interior sabrás que formas parte de todas las cosas. Y eso conduce a manifestaciones milagrosas en el sentido de que te encuentras realmente conectado con todo lo que deseas que se manifieste, y finalmente sabes que esta es tu verdad.

Estar en todas las cosas al mismo tiempo

La auténtica confianza sólo se alcanza a través de la sabiduría del corazón. Al penetrar en este espacio seguro, acudirá a ti todo aquello que te pertenezca porque has creado la capacidad interna para recibirlo. La ironía es que aquello que deseas recibir forma en realidad parte de ti mismo. Este puede ser un concepto difícil de asimilar, debido al apego del ego a ser separado y especial.

No hay en tu mente racional nada capaz de convencerte de que el agua se compone de dos partes de hidrógeno y una de oxígeno. Aparentemente no es más que un líquido que fluye y no tiene nada que ver con gases. Pero cuando analizamos el agua, se ponen de manifiesto sus elementos constituyentes. Y lo mismo sucede con la idea de estar en todas las cosas al mismo tiempo.

En nuestra experiencia cotidiana no hay nada que nos dé muchas razones para creer que nuestra mente tiene, como uno de sus elementos constituyentes, algo invisible que está en todas las cosas vivas. Sin embargo, cuando examinamos nuestra fuerza vital y utilizamos la mecánica cuántica, descubrimos que esa energía no es, de hecho, una partícula, sino una onda que es la misma en toda forma de vida.

Confiarás en la energía universal cuando aceptes este hecho «irracional»: no sólo eres digno de confianza, sino que formas parte de la misma fuerza vital que existe en todas partes. Si crees esto realmente, te darás cuenta de que todo lo que falta en tu vida forma parte de la misma energía que hay en ti. La manifestación se convierte entonces en el arte de atraer aquello que ya forma parte de uno mismo.

En cierto sentido, es como pensar que las cosas que deseas están sobre una cuerda infinitamente larga, a pesar de lo cual están unidas a ti de alguna forma invisible. Sólo es una cuestión de confianza el atraer esa cuerda hacia ti, y todo aquello que debe llegar a tu vida estará ahí una vez que hayas desarrollado la capacidad para recibirlo. Pero no podrás recibirlo, ni acercarte remotamente si no estás plenamente convencido de que eres una extensión de Dios.

Me agrada pensar en Dios como el océano y en mí mismo como un vaso. Si introduzco el vaso en el océano, me siento como un vaso lleno de Dios. No importa cómo lo analice, el caso es que seguirá conteniendo a Dios. Ahora bien, el vaso de Dios no es tan grande como el océano, ni tan omnisciente ni omnipotente, pero sigue siendo Dios. Esta metáfora me permite confiar tanto en mí mismo como en la sabiduría que me ha creado, y me permite ver también nuestra unicidad.

Deliberadamente, he preferido no utilizar muchas citas en este libro. Pero quiero resaltar que todo maestro espiritual y todos los santos, maestros, gurús o sacerdotes que ha habido en la historia, han expuesto un consejo similar. Esta filosofía perenne conecta a toda la humanidad, desde los tiempos tribales y antiguos, hasta los civilizados y actuales. Es el mensaje de que Dios está dentro y fuera de todas las cosas vivas. Y también de que hay un mundo del que formamos parte y que no se haya sujeto a las leyes del tiempo y el espacio. Más aún, todos formamos parte de ese mundo espiritual invisible.

Puesto que está en todas partes no sólo está dentro de ti sino que eres tú. Esto significa que es en nosotros mismos donde tenemos que buscar a Dios. La afirmación «Tú y el Padre sois uno» es mucho más que una advertencia eclesiástica. Es una afirmación de tu propia realidad.

Con la práctica, puedes aprender a conocer esta realidad. Puedes aprender a ver el aura alrededor de todas las cosas vivas, a ayudar a los demás protegiendo tu energía y dándoles fortaleza y sustento. En realidad, no se trata tanto de una habilidad que pueda aprenderse como de confiar en la energía que forma parte de uno mismo

Es posible que la forma más efectiva de confiar en tu realidad propia sea a través del poder de la oración. La oración y la confianza nos ofrecen métodos aparentemente mágicos para manifestar el deseo divino. Pero primero quizá tengas que cambiar viejas percepciones relativas a la oración, y buscar en tu interior una visión completamente nueva.

Oración y confianza

Por lo que se refiere a la oración parece que vemos a menudo a Dios como una especie de gigantesca máquina expendedora situada en el cielo, capaz de concedernos todos nuestros deseos una vez que hayamos introducido en la ranura las monedas adecuadas en forma de oraciones. Insertamos oraciones, apretamos el botón y confiamos en que Dios nos dispensará los bienes que solicitamos. La máquina expendedora se convierte así en objeto de nuestra veneración. Le decimos a la máquina lo buena que es y lo mucho que la adoramos, y esperamos que sea buena con nosotros a cambio.

La premisa básica de esta actitud es que Dios está fuera de nosotros y, por lo tanto, lo que necesitamos y deseamos también está fuera de nosotros. Esta forma de oración es como practicar la ausencia, antes que la presencia de Dios. Si creemos estar separados de Dios, el enfoque de la máquina expendedora por lo que se refiere a la oración no hace sino reforzar y profundizar esta convicción.

Prefiero promover la idea de la oración como una comunión con Dios. Rezar a nivel espiritual se convierte entonces en un acto que me permite tener la certeza de que Dios está tan cerca de nosotros como nuestro propio aliento. Lo que buscamos en la oración es la experiencia de coexistir con Dios. La oración es nuestra forma de comunicar que estamos preparados para que se manifiesten los deseos de esta energía sagrada a través de nuestra forma humana. No hay separación, ni ausencia de Dios en nosotros, sino simplemente la presencia de esta fuerza en nuestro interior.

En consecuencia, la verdadera experiencia de Dios no cambia ni altera a Dios, sino que nos cambia a nosotros. Cura nuestro sentido de la separación. Si no nos vemos cambiados por la oración, es porque nos hemos negado la oportunidad de conocer la sabiduría que nos ha creado.

La búsqueda de la felicidad fuera de nosotros mismos vuelve a encender la idea de que no somos completos y relega la oración al estatus de ruego ante un jefe/Dios. Pedimos entonces favores, en lugar de buscar una manifestación de nuestro yo invisible e inspirado.

La oración, al nivel al que yo me refiero, no es pedir algo, del mismo modo que tratar de convertirse en un manifestador no es pedir que algo aparezca en tu vida. Lo que califico como oración auténtica es invitar al deseo divino a expresarse a través de uno mismo. Que exprese el más elevado propósito, por mí bien o por el de toda la humanidad. En este nivel, la oración expresa mi experiencia de la unicidad con la energía divina.

Quizá esta pueda parecerte una idea radical o incluso blasfema, pero constituye la fuente de todas las tradiciones espirituales. He aquí unos pocos ejemplos.

> Cristianismo: el reino de los cielos está dentro de ti.
> Islamismo: quienes se conocen a sí mismos conocen a tu Dios.
> Budismo: mira dentro de ti mismo, tú eres el Buda.
> Vedanta (parte del hinduismo): Atman (la conciencia individual) y Brahman (la conciencia universal) son uno.
> Yoga (parte del hinduismo): Dios habita dentro de ti como tú mismo.
> Confucianismo: el cielo, la tierra y el humano son un solo cuerpo.
> Upanishads (parte del hinduismo): al entenderse a uno mismo, se conoce todo este universo.

Superar los condicionamientos en este ámbito es crucial. Al principio, quizá puedas aceptar esta idea a un nivel intelectual, pero es posible que no puedas convertirla en una experiencia auténtica. Así pues, te sugiero que conviertas la oración en una experiencia, utilizándola para sustituir los continuos pensamientos que te asalten durante el día. Utiliza tu confianza para comulgar con Dios en lugar de pasar el tiempo en un estado de cháchara constante.

Sustituye los pensamientos sobre tus experiencias por la experiencia de la oración. Por ejemplo, rezar en este sentido puede ser simplemente una frase como: «Ahora me guía lo sagrado», o «El amor sagrado fluye ahora a través de mí», y recítalo en silencio, en lugar de pensar. Este tipo de oración te ayudará a cultivar tu lado espiritual y a evitar la cháchara del ego, de modo que pueda crecer lo que tú deseas y lo que te desea a ti. Mi práctica personal de la oración consiste en participar en una comunión con Dios, en la que veo a Dios dentro de mí mismo y le pido fortaleza y sabiduría para superar cualquier problema que pueda tener. Sé que no estoy separado de esta fuerza vital que llamamos Dios. Sé que esta fuerza me conecta con todo lo que existe en el universo, y que al dirigir mi atención hacia aquello que deseo atraer, no estoy haciendo en realidad más que manifestar un nuevo aspecto de mí mismo.

Luego dejo que se produzcan los resultados, que el universo se ocupe de los detalles. Me retiro en paz y me recuerdo a mí mismo que tener el cielo en la tierra es una elección que tengo que hacer, no un lugar que tenga que encontrar. Soy yo quien decido si quiero que la fuerza de Dios fluya a través de mí sin restricciones, participando así de este modo en la creación de mi propia vida. La confianza, pues, es la base de mi oración y con ella llega la paz, que es la esencia de la manifestación.

Paz: el resultado de la confianza

Tu yo superior desea que experimentes paz, que es una definición de la iluminación. Quizá recuerdes que anteriormente definí la iluminación como estar inmerso y rodeado de paz. Cuanto más confíes en la sabiduría que lo crea todo, tanto más confiarás en ti mismo. El resultado de confiar es que tienes a tu alcance una enorme sensación de paz.

Cuando el ego insista en ganar, comparar o juzgar, podrás suavizar y calmar sus temores con la sensación de paz surgida a partir de la confianza. Cuando seas capaz de confiar, sabrás que Dios y tú sois uno, del mismo modo que el vaso de agua del océano es el océano mismo. Eres la fuerza de Dios, del mismo modo que una ola es lo que el océano hace.

A medida que crezca esta conciencia, descubrirás que eres una persona más pacífica y, en consecuencia, la iluminación se convertirá en una parte de tu estilo de vida. Ser independiente de la opinión de los demás y desprenderse de la necesidad de tener razón son dos poderosos indicadores de que tu vida se desplaza hacia la seguridad que da confiar en Dios y en uno mismo. Y, sin embargo, hay en nuestras vidas muchas personas que perturban nuestro estado de paz. La cuestión entonces estriba en aprender cómo manejar a aquellos que perturban consciente o inconscientemente nuestra experiencia de la confianza y la paz.

En cierta ocasión escribí un ensayo en un tono un tanto chistoso titulado «Su compañero del alma es la persona a la que más le cuesta soportar». La esencia del ensayo era que la gente que aparece en nuestra vida y con la que estamos de acuerdo y compartimos intereses similares, fáciles de aceptar, nos enseñan de hecho muy poco. Pero aquellos otros capaces de sacarnos de quicio y encolerizarnos a la menor provocación son nuestros verdaderos maestros.

La persona que realmente puede perturbar tu estado de paz es aquella que te recuerda que no te encuentras verdaderamente en el estado de paz o iluminación que brota de la confianza. En ese momento, esta persona se convierte en tu mejor maestro, y es a ella a quien debieras dar las gracias, y a Dios, por haberla enviado a tu vida. Cuando llegue el día en que puedas trascender la cólera, la rabia y la alteración que esa persona parece provocar, y decirle: «Gracias por ser mi maestro», habrás reconocido a un compañero del alma.

Todo aquel que aparezca en tu vida y pueda sacarte de quicio y hacerte sentir frenético es un maestro disfrazado de ser manipulador, desconsiderado, frustrante y no comprensivo. La paz iluminadora significa que no sólo estás en paz con aquellos que comparten tus intereses y que están de acuerdo contigo, o con los extraños que van y vienen, sino también con aquellos maestros que te recuerdan que todavía te queda mucho que hacer para estar en paz contigo mismo.

Da gracias por todos esos grandes maestros espirituales que han aparecido en tu vida en forma de hijos, cónyuges actuales o pasados, vecinos irritantes, compañeros de trabajo, extraños detestables y otras personas similares, pues ellos te ayudan a permanecer en estado de paz e iluminación. Te permiten saber día a día cuánto trabajo te queda realmente por hacer, y en qué aspectos no has logrado aún dominarte a ti mismo.

La paz se consigue cuando el yo superior domina en tu vida. La paz interior que se deriva de la confianza hará que tu alma goce de una excelente salud. Ten en cuenta que sólo existe un alma real, y que la personalidad no es más que un vehículo para el todo. No se puede dividir lo infinito. No hay división posible. Debes confiar.

Dividir significa que uno se aleja de la identificación con la fuerza de Dios, y se refugia en el ego. Y eso trae consigo la ausencia de paz y de confianza en la sabiduría que lo ha creado todo.

Puedes hacer muchas cosas, de una manera regular, para convertir en una realidad en tu vida este segundo principio de confiar en la unicidad. He aquí unas pocas sugerencias para alimentar la confianza en ti mismo y en la unicidad.

Cómo confiar en uno mismo y en la sabiduría que lo creó

- Empieza por admitir tu confusión o tus fracasos. Al hacerlo así, evitarás el error de dejarte guiar por una falsa seguridad en ti mismo. Recuerda que la verdadera confianza supone desprenderse de todo condicionamiento que enseñe que la confianza en uno mismo se basa en ser especial o diferente.

Al ser honesto contigo mismo en todo aspecto de tu vida, dejas de identificarte con lo separado. Estás preparado entonces para comprender que la confianza en ti mismo y la confianza en la verdad última son una sola y misma cosa. Procura recordar que eres hijo de Dios, y que la fuerza que hay en él está en ti. Deja que afirmaciones como «Yo soy él» y «Él soy yo» broten de tu interior.

- Ten en cuenta que no puedes alcanzar un terreno más elevado si te aferras a un nivel más bajo. No puedes abandonar el mundo físico si estás tan apegado a él que te niegas a abandonarlo. El concepto de confianza supone rendirse y confiar en la fuerza de Dios.

    Imagínate a ti mismo cayendo desde un precipicio mientras te aferras a una enorme roca, convencido de que esta te protegerá. Desprenderse de la roca es una metáfora de la rendición y la confianza. Continuarás viviendo y respirando en el plano físico terrenal, pero te darás cuenta de que no eres sólo un cuerpo y una mente, y de que la roca no es tu salvación. Tus necesidades y exigencias dejan de existir, y te conviertes en parte de la conciencia única.

    Naturalmente, sigues literalmente en el cuerpo, pero ahora también te has unido a la conciencia única. Esta confianza te permite participar en el acto de la creación, y experimentar el mundo que te rodea de modo muy diferente. Ahora podrás transferir a tus circunstancias personales la libertad y el respeto que recibes de Dios.

- Rebélate contra la filosofía que predica la idea de Dios como jefe, como figura autoritaria y tirano benevolente. El rechazo de este modelo no significa que seas ateo, sino que más bien crees en el verdadero significado de la divinidad.

Nadie te exige que te sientas inferior, que te veas a ti mismo como un pecador, que te postres de rodillas ante ídolos y dogmas para creer en Dios. Considera las palabras de san Pablo en el Nuevo Testamento cuando dice: «Dejad que esta mente esté en vosotros, como estuvo también en Cristo Jesús, a quien estando en la forma de Dios no le pareció irrespetuoso ser igual a Dios». Esta es la clase de confianza que debes adoptar para conocer tu lado divino.

- Que confíes no significa que no experimentes nunca los altibajos de la vida. Habrá picos y valles mientras vivas en este plano físico. No hay felicidad sin la experiencia opuesta de la infelicidad. Es en el equilibrio entre los opuestos en lo que se basa la vida en el plano físico.

  No abandones la confianza cuando tu ego crea que las cosas debieran ser diferentes a como son. No abandones en los momentos de oscuridad, porque a ella seguirá la luz. Debes buscar una lección, porque tu confianza te permitirá observar esos momentos difíciles desde fuera, sin dejar que caigas en el error de considerarlos una parte inevitable de tu vida. Desde esta perspectiva, no estás a merced de la energía de tu ego, que insiste en que todo tiene que ser perfecto y que cuando no lo es tienes razones para abandonar tu confianza en lo divino.

  Los baches, simplemente, forman parte del plano físico, pero no de ti. Tú formas parte de la sabiduría invisible que creó todo este plano físico y puedes confiar en ella de la forma más completa.

- En esta vieja idea de confianza hay una sabiduría intemporal. Cualquier persona puede percibir los problemas en su interior, pero si confía espiritualmente se dará cuenta de que en su interior también están las soluciones.

Al confiar en ti mismo no buscas las soluciones a tus problemas fuera de ti mismo. En lugar de eso, mantienes tu confianza, y eso te permite atraer la energía necesaria para encontrar la solución.

- Toma tus problemas más serios y preséntaselos a Dios. Di algo así como: «No he podido resolver estos temas en mi vida y he utilizado todas las técnicas que conozco. Quisiera mostrar mi confianza en la fuerza divina colocándolos simplemente en tus manos. Al hacerlo así, sé que la fuerza divina que eres tú, Dios, también soy yo, y confío en que esta acción me conducirá a la solución de estos problemas».

    Te puedo asegurar que este método te pondrá en contacto directo con un poder muy superior al que puedas encontrar en una botella, una cuenta bancaria, un cónyuge, una enfermedad o cualquier otra cosa del plano terrenal a la que puedas recurrir. Yo dejé atrás todas las adicciones de mi vida gracias a estas simples palabras: «Lo he intentado todo, y ahora pongo mi confianza en Dios».

    No se trataba de algo externo. Simplemente confié en esa fuerza y esta empezó a mostrarse en mi programa de abstinencia diaria. Confié en la sabiduría eterna y también confié en mi capacidad de recibir esa sabiduría y aplicarla. Este mismo proceso ha sido la fuente de todas las manifestaciones que he vivido y continúa transpirando en mi vida diaria.

- La presencia de una confianza completa se manifiesta abiertamente en tu vida cuando todo aquello que piensas, sientes y haces se encuentra equilibrado y en armonía. Por el contrario, la disparidad entre pensamiento, estado emocional y comportamiento refleja un alejamiento de la actitud de confianza que intento animarte a adoptar al poner en práctica este segundo principio de la manifestación.

Examina atentamente sus pensamientos. Comprueba si esos pensamientos son totalmente congruentes con tus acciones. Decir «Creo en un cuerpo saludable» y dedicarse a comer de modo poco saludable, disuelve la confianza en uno mismo. El pensamiento, las emociones y el comportamiento congruentes constituyen fuertes indicadores de la confianza que tienes en ti mismo. Y ten en cuenta que al confiar en ti mismo, estás confiando al mismo tiempo en Dios.

Cuando uno es incongruente con sus pensamientos, está demostrando falta de confianza en la divinidad que es su propia esencia. Sé honesto contigo mismo. Identifica las incongruencias y confía en tu capacidad para trascenderlas, y atraerás así la energía que necesitas para efectuar esta transformación. Pero si te aferras a la incongruencia, si piensas una cosa y te comportas de modo poco sincero, sabotearás tu capacidad para confiar en ti mismo y también en la sabiduría infinita.

Al practicar la rendición, has de reconocer la riqueza que hay en ti, en lugar de lamentarte por tu supuesta impotencia. Al practicar la confianza espiritual, estás rindiendo tu ego y todas tus creencias alucinatorias ante un poder superior. Simplemente, te dejas llevar, sabiendo que la guía divina está siempre contigo.

- Inicia una práctica de meditación para dedicarte a contemplar el principio supremo que se encuentra más allá de las mezquindades de este mundo. Sí, estás en este mundo, pero no te hallas contaminado por él. La mente necesita y anhela serenidad. La meditación no se reduce simplemente a hacer que la mente crea que está meditando. La meditación es, literalmente, la personificación de la verdad y la confianza. La liberación se revela en la purificación de la mente.

La práctica de la meditación es una poderosa herramienta en mi vida. Soy escritor, a veces escribo durante horas y todo fluye mágicamente. Llega entonces un momento en el que ya no encuentro más palabras. Deseo escribir y no sucede nada. Por mucho que lo intente, no consigo escribir nada.

En esos momentos, he aprendido a dejar la máquina de escribir y a sentarme tranquilamente, a cerrar los ojos y rendirme. Ni siquiera sé ante qué me rindo, pero simplemente me dejo llevar e intento purificar mi mente. Luego, al cabo de un tiempo de haberme rendido a la meditación, siento que contacto con algo que es una fuente de inspiración, y escribo entonces una página tras otra, sin tener ni la menor idea de dónde procede. Este proceso de cerrar los ojos y de serenarme, me proporciona la capacidad para conectar con esa fuente de inspiración. Y la palabra «inspiración» viene de «en espíritu».

Eso es confianza. Eso es gracia. Es saber que puedo enfrentarme literalmente a mí mismo con un espíritu de serenidad, y que atraeré hacia mí aquello que busco. Esta es la energía de la manifestación y se produce con mayor frecuencia cuando la mente está serena. Es la mente serena la que entra en contacto con la verdad.

Cuando meditamos, entramos en contacto con la parte de nosotros mismos que es verdad. El proceso de rendición nos ayuda a utilizar esta verdad en nuestras actividades cotidianas. Lo mismo sucede con la confianza. Ríndete a ella en tus momentos de serenidad y conocerás la verdad de este principio.

Este segundo principio espiritual de la manifestación nos conduce a un lugar superior dentro de nosotros mismos. Nos aporta la confianza en algo distinto a aquello que percibimos con nuestros sentidos. Ilumina dentro de nosotros la certeza de que en este viaje hay muchas más cosas de las que se ven a simple vista, y eso nos reconforta hasta el punto de que la ansiedad y la duda dejan paso a una gran paz interior.

Cuando se confía, se sabe. Y algo que se sabe no puede verse silenciado por las opiniones contradictorias de cualquier persona con la que se encuentre. Cuando esa confianza se convierta en tu estilo de vida, serás independiente de la opinión de los demás. No necesitarás demostrarte nada ni a ti mismo ni a nadie, ni convencer a nadie de la razón de tus puntos de vista.

Serás un sabio silencioso, que se mueve a través de este plano material sabiendo que has conectado con una fuente de inspiración que te proporciona todo el sustento que necesitas. De hecho, empezarás a ver cómo este plano terrenal es en realidad una gran parte de ti mismo, mucho más de lo que hubieras podido imaginar. Y ese es precisamente el tema del tercer principio de la manifestación.

Tercer principio

No eres un organismo en un entorno, sino un *ambientorganismo*

Una de las razones por las que a la mayoría de nosotros nos resulta tan extraña la idea de poder manifestar es porque se nos ha hecho creer que, como individuos, nos encontramos separados de nuestro entorno. Creemos que nuestro papel consiste en dominar el entorno en que nos encontramos. Armados con esta clase de lógica, despreciamos nuestra capacidad para percibir nuestra conexión con el entorno.

Debido a nuestro sentido de la desconexión, creemos que no tenemos el poder para atraer de nuestro entorno todo aquello que deseamos. En consecuencia, cuando logramos manifestar algo creemos que es una simple cuestión de suerte o casualidad. Una vez que cambiamos esta idea sobre nosotros mismos, activamos nuestra capacidad para manifestar y la vemos como una función de nuestra divinidad, antes que como una imposibilidad o un producto de la suerte o la coincidencia.

Este tercer principio de la manifestación se inicia con la comprensión de que es absolutamente imposible describirnos a nosotros mismos como seres separados de nuestro entorno. Voy a acuñar una nueva palabra, un neologismo, con el propósito de articular este principio. Durante el resto de este capítulo considérate como un *ambientorganismo*. Esta palabra significa que no existe la menor diferencia entre tú y tu entorno. Tú eres tu entorno y, lo que es más importante para los propósitos de este libro, tu entorno eres tú.

Nuestra naturaleza como *ambientorganismo*

Trata de pensar en el mundo que te rodea, en tu entorno, como si se tratara de una extensión de tu cuerpo. Es decir, como si no estuvieras separado del mundo exterior que ves. En esta definición, resulta imposible describirse a uno mismo sin incluir todo aquello que le rodea. De hecho, ni siquiera es posible verse o escucharse a uno mismo como una entidad separada de su entorno.

Por ejemplo, imagínate caminando, tú solo. No puedes caminar sin describir también sobre qué caminas. Sin la tierra o el suelo, sólo estarían tus piernas moviéndose y, naturalmente, eso no es caminar. Tu experiencia de caminar también incluye el aire que respiras mientras caminas, la gravedad que te impide flotar en el espacio, los guijarros, o la alfombra, o la arena o el cemento sobre los que caminas, y la composición de estos elementos.

Examina también, por ejemplo, la página que estás leyendo en este momento. ¿Qué es lo que ves? Tinta negra formando letras que forman a su vez las palabras que lees. Prueba a imaginar esas palabras sin la presencia del fondo sobre el que están impresas. La página en blanco sobre la que se han impreso las palabras no es la que recibe tu atención y, sin embargo, esta página que sostienes como una unidad del libro es la que crea un significado, en combinación con las unidades individuales de impresión llamadas palabras. El entorno en el que se encuentran esas palabras se halla inextricablemente incluido en la página misma.

En esta analogía, tú eres las palabras y tu fondo es todo aquello sobre lo que tú estás impreso, por así decirlo. Es importante comprender este principio para poder convertirse en un manifestador. Del mismo modo que las estrellas del cielo serían imposibles de percibir sin el fondo de un cielo oscuro, tú tampoco podrías ver tu propio cuerpo, o el cuerpo de nadie, sin un fondo que estuviera en contraste con ese cuerpo, así te aplica este principio a ti.

No puedes pensar en ti mismo con independencia de tu

entorno. Por eso te invito a que dejes de considerarte como un organismo independiente dentro de un entorno, y te veas más bien como una extensión de él. El resultado será que empezarás a ver que todo lo que hay a tu alrededor forma parte de ti mismo y viceversa. Tu entorno no es algo que controles o que pueda controlarte. Es una extensión de ti, al igual que tú eres una extensión de él.

Se trata de un concepto singular, un tanto difícil de asimilar. Es imperativo, sin embargo, para comprender la premisa de este libro. Eres un organismo diferenciado y a la vez inseparable de tu entorno.

Ser, simultáneamente, un individuo y un entorno

¿Ha visto alguna vez a una persona con frente pero sin espalda? ¿Ha visto alguna vez a una persona con un exterior pero sin un interior? Estas preguntas retóricas tienen la intención de estimularte a considerar cómo puedes ser diferenciado e indiferenciado al mismo tiempo y por qué esto es importante para aprender a manifestar tu vida tal y como tu decidas.

La naturaleza de este mundo físico es esencialmente la de las ondas. Cada onda de energía que constituye una masa física tiene una cresta o pico y un nadir o valle. Estos altos y bajos de la onda siempre son fáciles de identificar como separados y, no obstante, siempre están juntos. No se puede tomar un cubo de crestas y observarlas con independencia de sus correspondientes valles. Esta es la característica fundamental de la naturaleza. Los polos norte y sur de un imán siempre van juntos y, sin embargo, siempre son característicamente distintos. Tu frente tiene siempre una espalda, tu interior tiene siempre un exterior, y ahora debes extender también esta comprensión hacia aquello que se encuentra fuera de ti mismo.

Naturalmente, eres un individuo que funciona dentro de este entorno, y es posible describirte tanto a ti como tu entorno con una terminología identificativa separada que todos comprenderíamos. Pero también debes recordar que no puedes separarte de tu entorno. Eres característicamente distinto, del mismo modo que lo son las crestas de las ondas con respecto al fondo de las mismas, pero te hallas irrevocablemente conectado con el mundo exterior, del mismo modo que lo está el fondo de la onda con su cresta.

Una vez que empieces a comprender esta sencilla verdad, las experiencias místicas de la manifestación también se te abrirán como una posibilidad genuina. La mayoría de nosotros no hemos logrado comprender esta pequeña verdad, lo que ha hecho que nos dejemos guiar por la idea errónea de que, ya que somos organismos separados de nuestro entorno, debemos controlarlo. Al hacerlo así, claro está, no sólo mostramos una falta de respeto por nuestro entorno, sino también por nuestra propia naturaleza básica como ambientorganismos.

CONTROLAR LA NATURALEZA O VERLA COMO NOSOTROS MISMOS

Al pensar en nosotros mismos como característicamente distintos de nuestro entorno, adoptamos la postura de ejercer control sobre él. Esta forma de pensar nos conduce a un comportamiento destructivo, tanto en el nivel colectivo como en el personal.

Destruimos los bosques, las marismas, las montañas, los ríos, la flora y la fauna o cualquier otra cosa que impida o dificulte la obtención de beneficios y nuestra propia conveniencia, o algo que llamamos el «progreso» de la civilización. Defendemos todas estas actividades sin comprender que, con ellas, también nos destruimos a nosotros mismos. En último término, haremos que la tierra sea inhabitable si no nos damos cuenta de que con esta caprichosa falta de consideración hacia la naturaleza estamos matando una parte de nosotros mismos.

Es necesario que todos aprendamos a sentir que somos parte integrante de nuestro entorno. Tal vez entonces dejaremos de intentar someterlo. No acabamos de tratarlo con cariño, suavidad y respeto porque estamos convencidos de que aquello que procuramos dominar es algo distinto a nosotros mismos. Pero, cómo hemos visto, no podemos existir independientemente de nuestro entorno, del mismo modo que no podemos tener un exterior sin un interior.

La idea de considerarnos como un ambientorganismo nos exige respetar todo aquello que encontremos. Una vez que podamos respetar aquello que es externo a nosotros, empezaremos a vivir en armonía con nuestro entorno, en lugar de controlarlo.

A nivel personal, reconocer que la naturaleza forma parte de nosotros mismos, nos abrirá un sinfín de posibilidades de manifestación. Sentiremos que formamos parte de un mundo inteligente. Así, la inteligencia que está en mí, también está en mi entorno. Gracias a esta toma de conciencia, también podremos ver con mucha mayor claridad la conexión que existe entre todas las cosas. Sabremos entonces que si algo parece faltar en nuestras vidas, se debe a que nos enseñaron equivocadamente que aquello que nos falta debemos buscarlo fuera de nosotros mismos.

Como ambientorganismo, sé que la energía de lo que parece faltar en mi entorno personal y la energía de mi propio cuerpo (interior y exterior, frente y espalda) es la misma. Así pues, cuando veo que algo me falta, sé que es porque me veo a mí mismo alejado de aquello con lo que quiero estar conectado.

A partir de ahí, empezarás a tomar conciencia de que puedes conseguir cuanto desees, puesto que ya estás inextricablemente conectado a ello al nivel de la energía. La ilusión de que es algo inalcanzable irá desapareciendo, y sentirás la capacidad de manifestarte como un aspecto más de tu personalidad del que no eras consciente.

Y no te sentirás sólo como parte de tu entorno, sino como parte de todo y todos cuantos formen parte de él. Tu nueva fe ya no te permitirá ver nada como separado. La separación estará siempre ahí, como lo está la cresta de la ola con respecto a la base, pero seguirán siendo inseparables aunque estén separadas, serán diferentes aunque sean indiferenciadas al mismo tiempo. Habrás fusionado así la dicotomía que te impide utilizar esa energía conectiva. Empezarás a verte a ti mismo como una parte orgánica de este mundo, antes que como una entidad separada del mismo.

Verse a uno mismo como una parte orgánica de este mundo

Existe una creencia popular según la cual «llegamos a este mundo». Así, asumimos continuamente la idea de que quiénes somos y de dónde venimos constituyen dos mundos diferentes. La esencia de este tercer principio espiritual para manifestar nuestro destino es que no existe separación, y que, más que llegar a este mundo como un proyecto de construcción, lo que realmente sucede es que brotamos de él.

Observa un ciruelo y examina cómo aparecen las ciruelas en nuestro mundo. Se planta una semilla y el árbol crece, hasta que termina por florecer y producir ciruelas. La inteligencia de la ciruela está en este mundo, y también está en la semilla, en la flor, en el tronco, en las ramas y raíces. Cada elemento del ciruelo tiene en sí inteligencia de ciruela. No decimos que las ciruelas proceden del mundo espiritual de la esencia de ciruela que luego se convierte en una fruta física en el plano terrenal. De hecho, al observar un ciruelo, podemos decir con toda ingenuidad que da ciruelas. Cada año, el árbol da ciruelas.

Del mismo modo que un ciruelo da ciruelas, tú también surges a partir de este mundo, con la misma energía que se encuentra en cada aspecto de tu ser. Si pudieras contemplar la tierra desde cierta distancia, observarías que tiene rocas, océanos, vegetación y que está habitada por personas. Tu persona es el resultado de lo que está haciendo el universo a un nivel consciente, del mismo modo que una ola es lo que hace el océano, y una ciruela es lo que hace el ciruelo. La inteligencia que hay en ti, por invisible que pueda ser, está en ti en cada una de las fases de tu creación y experiencia vital, y también es la misma en toda otra persona, así como en todas las cosas de nuestro mundo físico.

A la mayoría de nosotros se nos ha enseñado lo contrario. Generalmente, se piensa en la creación como algo dividido en el ámbito espiritual de lo invisible y en el mundo físico de la materia. También suele pensarse que somos el resultado de un acto de construcción, y que antes que tener nuestro origen a partir del mundo, hemos sido colocados en él. Esto, claro está, no hace sino reforzar la idea de impotencia, de que no tenemos nada que ver con el acto de la creación. Si quieres aprender a intervenir en la creación de los diferentes aspectos de tu vida, tendrás que dejar atrás estas viejas ideas, pero ten en cuenta que no es fácil. El proceso de condicionamiento forma parte de nosotros desde el principio mismo de nuestra existencia.

Una vez que aprendas a verte como alguien que tiene su origen a partir de este mundo, comprenderás que la inteligencia original que se encontraba en la semilla misma de tu procreación, es una energía que fluye a través de todo lo que existe en tu mundo. Tú y el entorno donde tiene lugar el proceso de tu crecimiento tenéis vuestras propias características, pero siempre estáis conectados. Sois tan inseparables como lo es tu respiración del aire que respiras, tu caminar del suelo sobre el que caminas, y tus pensamientos del organismo con el que piensas.

Observa que todos respiramos el mismo aire, caminamos sobre el mismo suelo y pensamos como un organismo, lo mismo que tú. Tú estás de hecho conectado con todos estos seres. No es ninguna casualidad que alguien que viva en un país distante, con diferentes características físicas exteriores y un idioma distinto, pueda morir y donarte su hígado, sus riñones o su córnea, y acomodar la fuerza vital que fluye en ti. Esta idea de tener nuestro origen a partir del mundo, o de ser el resultado de la población terrenal, del mismo modo que la ciruela es el resultado del ciruelo, tiene ventajas para el proceso de manifestar el propio destino. Te capacita con la sabiduría de la creación, en lugar de convertirte en un títere cuyas cuerdas se ven controladas por fuerzas exteriores.

Al creer que aquello que está situado fuera de mí no soy yo, y que no formamos parte del proceso de población de la tierra, cultivamos una actitud de extrañamiento y hostilidad. Esa mentalidad nos conduce a hablar de nuestra conquista del entorno, lo que significa que no podemos capitalizar la toma de conciencia de ser seres conectados. La necesidad de conquistar nos enajena del mundo.

Un dicho indígena americano, enormemente importante, dice: «Ningún árbol tiene ramas tan estúpidas como para luchar entre ellas». ¡Imagina cuál sería el resultado de tal comportamiento por parte del árbol! El árbol y todas sus partes morirían si hicieran algo tan absurdo. Y, sin embargo, eso es precisamente lo que hacemos cuando nos vemos como individuos separados con respecto a todas las demás personas que tienen su origen a partir de la misma inteligencia divina.

Crecemos a partir de nuestro mundo y somos el resultado de lo que está haciendo la inteligencia divina, y esa es una conexión que nunca podemos perder. Piensa que eres como un síntoma del universo, no un extraño.

Aquello que nosotros consideramos el espíritu que hay dentro de nosotros es en realidad esa inteligencia divina e invisible que nos permite existir y que hace que sigamos creciendo a partir de este mundo. También es separable de nuestra esencia física y nuestro entorno, y de todo y todos los demás que existen en el universo. Si piensas de otro modo, reforzarás tu incapacidad para influir sobre tu destino y para manifestar o atraer hacia ti cualquier cosa.

Al saber que creces a partir de este mundo del mismo modo que una manzana lo hace a partir del manzano, te identificas con la esencia espiritual. Y es la identificación con esta esencia interior lo que te permite establecer con todo lo demás una conexión que te ayudará a atraer tus deseos hacia tu mundo físico. Este poder de atracción será el tema del cuarto principio descrito en este libro.

Pero, por ahora, lo que quiero es que percibas claramente cómo creces a partir de este mundo. Deseo que percibas la diferencia entre este concepto y aquel otro que promulga nuestra llegada aquí desde un mundo separado, a través de un poder que está fuera de nosotros. No eres un destello momentáneo de conciencia personificada entre dos negruras eternas. Eres una esencia que crece eternamente en este mundo, un mundo en el que el espíritu y la manifestación del espíritu parecen diferentes para los sentidos, y en realidad lo son, pero también están conectados. Eres estas dos esencias al mismo tiempo.

Esta toma de conciencia es crucial a medida que sigas este camino de la manifestación. Es un poder, pero no te engañes porque, al contrario de lo que pueda decirte tu ego, no eres el propietario exclusivo de este poder.

El poder está en ti, pero no es sólo tuyo

El poder y la magia de este mundo no se pueden reservar para el uso exclusivo de nadie, incluido tú. Está disponible en todo momento, pero no pertenece a nadie. Lo que haces como *ambientorganismo* es establecer contacto con una energía que se encuentra más allá del dualismo del plano terrenal y que, sin embargo, está conectada con él al mismo tiempo, es separada pero inconfundible.

La forma de establecer contacto consiste en comprender esta energía. Todo lo que existe sobre el plano físico experimenta la luz y la oscuridad. Si siempre hubiera luz no tendríamos un concepto de la oscuridad. Pero hay algo que no conoce la oscuridad, la fuente de toda luz, el sol. Esta fuente se encuentra más allá de la dualidad del plano físico, y es con ella con la que debes contactar si quieres potenciar tu fuerza interior.

La energía del sol no te pertenece, pero siempre podrás recurrir a ella. Esa energía no está sometida a las leyes de la dualidad, como tampoco lo está tu espíritu, que es la fuente de tu divino poder. Aún así, depende de ti que la utilices o no.

No puedes poseer este poder más de lo que puedes poseer y controlar el entorno. Poseerlo significa que te separas de él. Aparece entonces un poseedor y algo que es poseído, y eso viola el principio de tu existencia como *ambientorganismo*. Eres un ser holístico, y eso significa que en ti confluyen la energía no dual y la energía física, y que puedes hacer uso de ambas.

Es usted un ser completo. En consecuencia, para poder comprenderte a ti mismo, tienes que asimilar primero que eres un ambientorganismo. Conceptualizarse a uno mismo como un ser físico y espiritual separado de su entorno supone eliminar toda posibilidad de conocer tu estado holístico. Por el contrario, reconocer ese estado te ayudará a destruir la ilusión de que eres un ser aislado y a percibir tu relación con el mundo que te rodea. Esto te dará una fuerza que jamás podrías imaginar si te dejaras guiar por tu ego.

Verse a uno mismo como un holograma

Uno de los modos más fascinantes de verse a uno mismo en la forma que describo en este tercer principio consiste en contemplar un holograma y luego proyectarse en él. Si fueras capaz de ver de algún modo a toda la humanidad, junto con todo lo demás que existe simultáneamente, tendrías una visión de la naturaleza holográfica del universo. Tal como son las cosas, sólo puedes ver diminutos segmentos de la tierra a un tiempo.

Un holograma es una imagen fotográfica tridimensional obtenida con rayos láser. Lo singular de un holograma es que un pequeño segmento contiene toda la imagen. Al descomponer y proyectar un diminuto fragmento del holograma, muestra una imagen completa del objeto.

El holograma es una representación perfecta del *ambientorganismo*. Tu entorno lo incluye todo, lo vivo y lo muerto, y tú puedes atraer su energía hacia ti porque, desde un punto de vista holográfico, tú formas parte del todo. Tú eres sólo una pequeña imagen física que refleja a toda la humanidad cuando se proyecta espiritualmente sobre la pantalla cósmica. Todos y cada uno de nosotros somos la totalidad de la humanidad. No puedes escapar a esa verdad.

La imagen de los hologramas se puede aplicar intrínseca y extrínsecamente. Se puede cortar un diminuto fragmento de tu cuerpo y proyectarlo a través de un rayo láser, y todo tu cuerpo se verá reflejado a partir de ese fragmento diminuto. Todas y cada una de las células de tu ser contienen la energía de todo tu ser. En un nivel extrínseco, tú eres uno de esos segmentos que reflejan a toda la humanidad como un holograma.

Desgraciadamente, los pueblos del mundo todavía tienen que aplicar esta realidad a su forma de vida. La idea de que cada uno de nosotros está conectado al resto de la humanidad se abrirá paso con el tiempo, y entonces será imparable. La historia nos muestra cómo nos hemos configurado en naciones, con diversas ideologías, como capitalismo, socialismo, totalitarismo, comunismo, monarquía y democracia, que a menudo trascienden la importancia de la propia humanidad. Nos hemos clasificado sobre la base del aspecto físico y de las identificaciones nacionalistas, como italiano, estadounidense y japonés. Además, nos hemos subdividido en clases basadas en los niveles económicos o en las características de nuestras profesiones.

Los países se dividen a su vez en derecha e izquierda políticas, en creencias religiosas, y la división continúa hasta descender a las familias y, finalmente, a los individuos. Este proceso de división es exactamente lo contrario del modelo holográfico de nuestra realidad.

Esencialmente, tanto si nos gusta como si no, los seres humanos somos iguales en todas partes. Compartimos emociones como temor, amor, odio y celos. También compartimos la sangre que nos da vida, la entremezclamos para la supervivencia de aquellos que la necesitan, y tenemos los mismos órganos internos y los mismos pensamientos. Y, sin embargo, nuestros egos persisten en seguir realizando el trabajo de la división.

Cuando nos contemplamos como seres individuales, fomentamos nuestra inclinación a dividirnos, lo que nos aleja de nuestra naturaleza divina y de la posibilidad de manifestar nuestro destino. Necesitamos controlar el conflicto interno que nos hace dividirnos. El ego fomenta esa inclinación con pensamientos como los siguientes: la diferencia entre lo que soy y lo que debería ser; cómo me comporto y cómo debería comportarme; cómo era y cómo soy ahora; debería ser como dicen los demás; lo desconcertado que me siento en realidad; lo que pienso y cómo me siento; cómo me veo a mí mismo y lo bien que me parecen los demás; cuánto gano y cuánto ganan los demás y lo mucho que necesito. La lista es potencialmente interminable.

Todo este conflicto, como resultado de nuestra propensión a dividirnos y subdividirnos en el nivel mundial, nacional, social e individual, no es más que una expresión de caos. No podremos aportar orden al mundo o a nuestras vidas mientras no logremos reconocer que, en realidad, todos los seres humanos somos hologramas de la humanidad. Todos reflejamos al conjunto, y es esencial que empecemos a pensar de esta forma.

Cuando uno se reconoce en el holograma que es la humanidad, se conecta con todo lo que hay en su entorno a un nivel energético. Un *ambientorganismo* es un fiel reflejo de todo, y la energía que compartes, es compartida por todos. Esto permite que puedas utilizar la energía universal que está en todas partes, en cualquier momento, proyectándote metafóricamente para reflejar el todo. Una vez que puedas efectuar esta proyección sin dudas o reservas, podrás ver literalmente cómo tus pensamientos y deseos no están únicamente dentro de ti, sino que están dentro de toda la humanidad, que es abundantemente ilimitada. Para conseguir esto, sólo tienes que dejar de guiarte por tu ego y creer plenamente que eres un *ambientorganismo*.

Como *ambientorganismo* eres un individuo singular que sólo constituye una parte de la imagen, pero al mismo tiempo contienes la totalidad de esa imagen. Además, el contenido de tu conciencia, que difiere de una persona a otra, también es holográfico por naturaleza. La conciencia es la condición mental de estar despierto. Tus pensamientos individuales, aunque sólo forman una parte de la imagen total de la conciencia humana, contienen simultáneamente toda la conciencia humana.

Como en un holograma, tus pensamientos reflejan los pensamientos de todos. Tus pensamientos, desde esta perspectiva, se pueden proyectar de tal manera que conecten con toda la humanidad. Tus pensamientos están conectados literalmente con los pensamientos de todos los demás, lo mismo que tus emociones, tus deseos y todo tu mundo interior. Puedes aprender a utilizar esta conexión para alimentar tu propia divinidad y, en consecuencia, por definición, la divinidad de toda la humanidad.

La naturaleza del holograma y tu naturaleza como *ambientorganismo* son una misma cosa. La energía que abarca tu humanidad está en todo aquello que te rodea. Tú eres el todo y el todo eres tú. No estáis separados. El Bhagavad Gita sintetiza este concepto de la forma más profunda que he encontrado nunca. Procura memorizar estas palabras sagradas mientras practicas el arte de la manifestación espiritual en tu vida cotidiana. Te serán de utilidad dondequiera que estés, y en cualquier aspecto de tu vida actual que consideres incompleto.

> Aquel que comprende que el Señor de todo es siempre lo mismo en todo lo que es (inmortal en el campo de la mortalidad), ese ve la verdad. Y cuando un hombre comprende que el Dios que hay en sí mismo es el mismo Dios que hay en todo lo que es, no se hace daño a sí mismo causando daño a los demás. Es entonces cuando, de hecho, sigue el camino superior.

La frase clave en este profundo pasaje es «en todo lo que es». Ahí estamos incluidos tú, yo y todo lo que es. Tú eres el todo, y el todo eres tú. Utiliza algunas de las sugerencias que se indican a continuación para poner en práctica esta comprensión y experimentar verdaderamente este tercer principio de la manifestación espiritual.

Sugerencias para vivir este principio

- Haz un esfuerzo consciente por controlarte cuando empieces a pensar cosas que reflejen separación. Imagínate como una parte de todo lo que ves, e intenta proyectar la energía de tus pensamientos en todos los seres vivos del planeta.

  Sustituye el pronombre «nosotros» por el pronombre «ellos» y envía energía sagrada a tus compañeros de trabajo, familiares, extraños y a la gente a la que sólo ves en la televisión. Di en silencio: «Yo soy estas personas», «Yo también estoy en esos árboles y en esas nubes», «Somos verdaderamente el mundo y no estoy separado de nada ni de nadie». Esta práctica interior te ayudará a abrazar la idea de que eres un *ambientorganismo* en lugar de un organismo situado en un entorno.

- Contempla la energía que es tu fuerza vital. Olvídate de tu cuerpo y de tus pensamientos, y centra la atención en la fuerza vital invisible que sostiene tu mismo ser, y que también se conoce como *chi* o *prana*. Ve si puedes percibirla objetivamente y procura hacer también lo mismo con la energía de alguien cercano a ti. Observa a esa persona y olvídate de tu cuerpo. Centra la atención en la idea de que ambos compartís la misma energía y de que por lo tanto sois la misma persona en ese nivel de energía.

  Observar la propia energía y la energía de aquellos que te rodean es una forma de ponerse en contacto con la esencia espiritual de todos y de todo. La conciencia de esta conexión te ayudará a utilizar tu energía para atraer aquello que deseas, puesto que la fuerza vital también está presente en todo lo que deseas manifestar en tu vida.

- Confía en la sabiduría de tus sentimientos. Cuando sientes algo siempre hay una razón. Puedes evitar que te domine la opinión de los demás no depositando tu confianza en algo que tu corazón no sienta.

  Confía en la sabiduría de tus sentimientos, porque nacen de la seguridad de tu experiencia de la vida. Al confiar en tus sentimientos, confías en la energía que conforma el universo. Esos sentimientos son el vínculo que te une a la fuerza vital del universo, y nunca debes ignorarlos en favor de algo que tu corazón no aprueba.

- Practica el ser amable, respetuoso y cariñoso hacia la fuerza vital que se manifiesta en todas las cosas. En otras palabras, demuestra con tu comportamiento que el Dios que hay en todo lo creado es importante.

  Vivo cerca del mar durante la mayor parte del año, ya sea en Florida o en Hawai. Una mañana paseaba por la playa en Florida cuando miles de pequeños y diminutos peces plateados se vieron arrastrados por el agua hasta la orilla. Todos ellos saltaban de un lado a otro, boqueando, en busca de agua. Empecé a arrojar los peces de regreso al océano, que estaba ahora un poco más tranquilo.

  Mientras intentaba devolver los peces al mar, un hombre pasó por mi lado y se rió de mis esfuerzos. Dijo algo así como: «¿Es que no se da cuenta de la inutilidad de su tarea? Hay miles de peces en la orilla, y sus esfuerzos no servirán de nada». Yo me incliné y devolví otro pez al agua, al tiempo que respondía: «Para este habrán servido de mucho». Recuerda que tus esfuerzos siempre serán útiles, aun cuando estés convencido de que son minúsculos comparados con la magnitud del problema.

  Ser suave, respetuoso y cariñoso con otra persona o criatura tiene una gran importancia, tanto para ti como para el otro. La energía del amor se envía hacia el universo y conecta con la misma esencia del amor que existe en todas las cosas. Esto no contradice en absoluto la existencia de una cadena alimenticia natural, sino que implica que el amor, el agradecimiento, el respeto y la amabilidad se extienden a todo, incluso a aquello que forma parte de tu dieta.

La energía de ese alimento también sirve para sustentar la vida y, en último término, toda criatura y todo ser se convierte en alimento para otros seres, incluido tú mismo. En esencia, todos somos el alimento del mañana. El universo absorbe todas las formas y las transforma en una forma nueva, mientras que la energía almacenada en esa forma es eterna.

- Hazte el propósito de pasar cada día un tiempo a solas y en silencio, meditando sobre este principio. Repite el principio una y otra vez, como un mantra silencioso: «Yo no soy un organismo en un entorno, sino un *ambientorganismo*». Al repetir estas palabras para tus adentros, terminarás por proyectar esta realidad hacia el exterior.

  Este es el principio de tu proyecto de manifestación, porque la manifestación no es sino la materialización de un nuevo aspecto de ti mismo, con el que siempre has estado conectado a un nivel espiritual.

- Convierte el espacio donde se desarrolla tu vida en algo tan sagrado como te sea posible. Bendice todo cuanto te rodea y busca la vida que aportan las plantas, las flores y los animales. Dedica algún tiempo a contemplar tu espacio vital como un lugar sagrado.

  Cuanto más vivifiques tu entorno con pensamientos y sentimientos sagrados, tanto más espiritualmente conectado te sentirás. La asunción de una actitud de espacio sagrado atrae automáticamente a tu mundo más que una actitud de indiferencia u hostilidad. Un entorno hostil alimenta el descontento e impide que aquello que necesitas y deseas se manifieste en tu vida.

  Esto es evidente en las grandes ciudades, donde se muestra muy poco respeto por el entorno inmediato: se han cortado los árboles, se han eliminado los parques y la mayoría de todo eso se ha visto sustituido por cemento, tiendas, rascacielos y autopistas. Cuando los constructores o los habitantes de un lugar no hacen honor al espacio, alejan el alma.

Lo que se manifiesta entonces es un mundo hostil, aterrador, en el que no hay cariño, un mundo poblado por gentes que perciben las cosas de ese modo. Restaurar la naturaleza y todo lo que sea natural para la vida y en aquellos lugares de los que ha sido desterrada en nombre del desarrollo y los beneficios, constituye una forma de devolver la energía que se manifestará en forma de amor, felicidad y prosperidad.

El poeta sufí Rumi escribió un poema hace casi un milenio, titulado «El mercado de semillas», que refleja esta conciencia.

El mercado de semillas

¿Puedes encontrar otro mercado como éste?
¿Donde,
con tu propia rosa,
podrías comprar cientos de rosales?

¿Donde,
por una semilla,
podrías obtener toda una selva?

¿Por un débil aliento,
el soplo divino?

Has tenido el temor
de ser absorbido en la tierra
o arrastrado por el aire.

Ahora, tu gota de agua se va
y cae en el océano,
de donde vino.

*Ya no tiene la forma que tuvo,
pero sigue siendo agua.
La esencia es la misma.*

*Esta entrega no es un arrepentimiento,
sino un profundo honor a ti mismo.*

*Cuando el océano se acerque a ti como amante,
cásate enseguida, rápidamente,
por el amor de Dios.
¡No lo retrases!
La existencia no tiene mejor don.*

*Ninguna búsqueda
encontrará esto.*

*Un halcón perfecto se ha posado,
sin razón alguna, sobre tu hombro,
y se ha hecho tuyo.*

De *Rumi básico*

- Sé consciente de cómo tus juicios te impiden conectarte con aquello que estás juzgando. Un juicio implica que te consideras como algo separado de aquello que juzgas. Recuerda que es posible contemplar el mundo sin condenarlo, sin tener absolutamente ningún juicio o interpretación, sino simplemente permitir que sea como es.

Es el ego lo que hace que mantengas ese apego por la idea de la individualidad, cosa que, naturalmente, inhibe tu conciencia de este tercer principio. Tu ego analiza, condena, define, evalúa, interpreta y juzga casi todo. Esfuérzate diariamente por desprenderte de esa idea y aprender a verte como una parte de todas esas personas y cosas que ahora estás juzgando. Cuando la necesidad de juzgar desaparezca, significará que finalmente has comprendido que formas parte de aquello que estás juzgando. Tu juicio no es más que una definición de ti mismo.

Como *ambientorganismo*, verás que el juicio es casi imposible y eso te permitirá utilizar tu energía de una forma mucho más productiva y amorosa, para manifestar aquello que deseas, en lugar de juzgar a los demás.

- Diviértete imaginando que eres un holograma. Si recuerdas que eres una pieza diminuta de la humanidad, reflejada en tu pequeña imagen y personalidad, entonces dispondrás de luz verde para reflejar a la humanidad que te gustaría ver en tu mundo. Eres un fragmento diminuto de un holograma compuesto aproximadamente por seis mil millones de piezas, y eres un reflejo de esos seis mil millones de piezas en cada momento de tu vida.

  Probablemente tu cerebro racional tendrá dificultades para asimilar este concepto. Si es así, echa un vistazo a un holograma tridimensional y trata de imaginar con tu mente racional cómo es posible que un solo y pequeño fragmento pueda reflejar el todo. Eso no es algo que pueda entender tu cerebro. Has de entenderlo con tu corazón. Intenta verte de este modo, desde tu corazón, y podrás experimentar la increíble fuerza que tienes como parte del holograma del mundo.

Este es el tercer principio de la manifestación espiritual. Todos nosotros somos simultáneamente nuestro propio ser y también todo aquello que está fuera de nosotros. No podemos separarnos de nuestro entorno mientras estemos en un cuerpo físico. Si somos conscientes de esto, entraremos en contacto con la energía de la atracción, que es el tema del cuarto principio.

Cuarto principio
Puedes atraer hacia ti aquello que deseas

La base de la manifestación está en que comprendas que tienes dentro de ti mismo la capacidad para atraer aquello que deseas. Es posible que esta idea todavía te parezca inalcanzable. Pero si has comprendido bien los tres principios anteriores, ya sabes que este poder está realmente dentro de ti. Seguramente, la posibilidad de atraer lo que deseas te parecerá más factible si consideras cómo se crean las cosas a partir del mundo espiritual, del mundo de lo que no tiene forma, y se mueven aparentemente hacia el mundo de lo material.

En una de las frases más intrigantes del Nuevo Testamento, san Pablo aborda este proceso de la creación. Lo expresó de la siguiente forma: «Las cosas que se ven no están hechas de cosas que aparecen». San Pablo nos dice con ello que la energía creativa no es ni sólida ni restringida. El mundo físico de la forma tiene su origen en algo distinto a la misma forma, aun cuando sepamos que todo es un solo mundo y lo veamos desde una perspectiva holográfica.

Las palabras de san Pablo constituyen la base para lo que escribo sobre este principio, así como para varios de los que se incluyen en este libro. Estoy convencido de que sugieren cómo la energía informa nuestra capacidad para atraer aquello que deseamos. San Pablo nos ofrece una pista sobre cómo manifestar nuestros deseos en el mundo de la materia.

La energía como una fuerza que podemos utilizar

En una película sobre su adolescencia, Albert Einstein describe cómo tomó una brújula y observó fascinado cómo se movía la aguja a medida que él cambiaba de dirección. Dijo que se sintió obsesionado por comprender la fuerza invisible que movía la aguja de la brújula. ¿Dónde se hallaba situada aquella fuerza? ¿Quién la controlaba? ¿Por qué funcionaba siempre? ¿De qué estaba hecha? ¿Había lugares donde no funcionaba? Esas son las preguntas que se plantea un genio inquisitivo.

Esta fuerza tiene muchas características imposibles de detectar con nuestros sentidos físicos, y se la conoce por el nombre de energía. La energía está en todas las cosas que hay en nuestro universo e influye en los objetos que la rodean, con algo que describimos como fuerza de atracción. La vemos funcionar fácilmente en los campos magnéticos, pero somos incapaces de detectar esta energía informe con nuestro aparato sensorial. La fuerza está ahí, atrae y repele, en todas partes sobre nuestro planeta.

Si está en todas partes, también está dentro de nosotros. Parece improbable que nuestros sentidos nos informen mucho mejor de lo que nos ayudan a comprender cómo funciona un polo magnético. Podemos ver los resultados, pero la fuerza siempre es demasiado escurridiza y siempre está en movimiento.

Nuestro planeta gira continuamente sobre sí mismo, y alrededor del sol, se desplaza a través del espacio. Todo lo que existe sobre el planeta forma parte de ese movimiento, aun cuando a nuestros sentidos les parezca que permanecemos inmóviles. Tú estás sobre el planeta. La energía que lo mueve te mueve también a ti. La energía que está en la misma esencia del planeta está también en ti. Es de naturaleza magnética y eléctrica, y contiene la fuerza de atracción.

La esencia del cuarto principio de la manifestación es que podemos utilizar esta energía porque somos esa energía. Podemos utilizar esta energía universal para atraer hacia nosotros los objetos de nuestro deseo, porque la misma energía que hay en aquello que deseamos también está en nosotros y viceversa. Lo que nos permite aprovechar esta fuerza es, simplemente, una cuestión de alineamiento y voluntad.

Traer cosas al mundo físico es un proceso que llamamos creación. Lo que creamos implica el uso del mismo poder que hay en todo aquello que ha sido creado. Sólo es una cuestión de gradación. No existe absolutamente ninguna diferencia entre el poder que trae cualquier cosa desde el mundo de las ondas al mundo de las partículas, y el poder que hace que tus pensamientos o imágenes mentales cobren vida. Te animo a volver a leer la frase anterior y a memorizarla.

El mundo del espíritu, del que se deriva toda materia, y el mundo de la materia misma componen literalmente un todo armonioso. Están separados, pero siempre juntos, como la cresta y la base de la ola, separados pero formando un todo inseparable. Para situar esto en la debida perspectiva, piensa que la manifestación no es más que la transformación de ondas de posibilidades en partículas de realidad. El proceso de transformación exige energía. Esta energía es invisible pero forma parte de todas las cosas, incluidos nosotros mismos.

Tus pensamientos y visualizaciones son tu fuente de manifestación. Es esta energía la que tienes que activar y hacer que trabaje para ti. El proceso de formación de la imagen mental y su aplicación al proceso de la manifestación son algo que podrás experimentar cuando tengas plena fe en ello. Hay una parte de ti que sabe que puedes atraer lo que desees con esta energía.

Tus imágenes mentales y el poder de la atracción

Hay un poder dentro de ti que te permite formar el pensamiento o imagen. Esa capacidad de formar imágenes mentales es la energía de la atracción que está en todos los procesos creativos. Es más, es idéntica al poder de atracción. Este poder es la sustancia misma de la vida.

No puedes ver, tocar o escuchar este poder, pero está dentro de ti. Al utilizarlo no intentas cambiar o interferir en modo alguno con las leyes de la naturaleza. Estás cumpliendo con las leyes. Este poder indiferenciado constituye la base para la misteriosa atracción que te permite convertir tus deseos en realidad.

Quizá te ayude pensar en ti mismo como una forma que tiene Dios de particularizar. Tu capacidad para formular imágenes mentales sería el poder creativo divino que se plasma en energía a través de ti. ¿Te das cuenta de que la misma energía creativa que se particulariza en ti es lo que utilizas para manifestar tus deseos? Este poder aumenta con la felicidad, el amor, la alegría, la satisfacción y la paz. Cuanto más feliz y amoroso seas, tanto más se particularizará el espíritu divino en ti, y tanto más similar a Dios serás.

Toda esa energía creativa se ve atraída hacia ti a través de tus pensamientos (o de tu forma de utilizar tu capacidad para crear el pensamiento). Si en tus imágenes mentales te ves rodeado por las cosas y condiciones que deseas, y estas se hallan enraizadas en la alegría y la fe, tus pensamientos creativos atraerán esos elementos hacia tu vida. Esto quizá se parezca demasiado a soñar despierto, pero créeme, es mucho más que desear o esperar algo.

La diferencia está en que reconoces que incluso la capacidad de tener un pensamiento es un poder divino; y en que la visión o la imagen mental la formas con la convicción de que es algo sagrado, con la seguridad de que la fuerza de Dios que dio la existencia a todo lo que hay en el universo es también la misma que te creó a ti. La forma que adopte esta energía dependerá de tu voluntad o de tu capacidad para formarte imágenes mentales. Está ahí, a la espera de tomar cualquier dirección que tú decidas.

Es importante poder pensar en términos situados más allá de nuestros sentidos. La energía es la fuerza vital creativa que nos permite hacer las cosas que observamos con nuestros sentidos. Se trata de una fuerza invisible que sostiene la sustancia de nuestra vida material. Esta energía nos da el poder para tener pensamientos y es la misma energía que forma parte de todo aquello que parece ser externo a nosotros.

Tus imágenes mentales forman parte integral de este poder de atracción, así como de la posterior experiencia de la energía creativa cuando eres capaz de ponerlas en práctica.

La práctica de la formación de imágenes mentales

Al practicar la formación de imágenes mentales con el propósito de manifestar tus deseos, lo más importante es que recuerdes que los humanos nunca crean nada. Nuestra función no es la de crear, sino la de atraer, combinar y distribuir lo que ya existe.

Las creaciones son en realidad nuevas combinaciones de materiales ya existentes.

No hablo aquí de crear energía, sino de transformar una forma de energía en otra. Nuestro poder creativo es la capacidad para materializar la energía de nuestros pensamientos. El resultado es la manifestación.

Hay una condición indispensable para la manifestación de esa imagen en el mundo de lo visible y lo concreto. El mundo del espíritu es inmune al concepto del tiempo y el espacio. En consecuencia, la imagen se debe formar en un espacio determinado. Una vez que hayas adquirido esta conciencia, comprenderás la necesidad de imaginar la realización de tu deseo como si ya se hubiera conseguido sobre el plano espiritual.

En efecto, debes ser consciente de que en el nivel invisible de tu ser aquello que deseas ya tiene su lugar. La energía está ahí, y no ha de preocuparte su efectividad. Es decir, si el fin está asegurado, los medios estarán a tu disposición y podrás dejarte llevar, sabiendo que el éxito está garantizado.

Esto, sin embargo, no quiere decir que tengas que entregarte a la ociosidad, sino que debes desprenderte de la preocupación, la ansiedad y el temor. Trabajarás en la formulación de tus imágenes mentales, y lo harás sabiendo que el desenlace está asegurado. Se reconoce así la inteligencia del espíritu o el gran poder impersonal. Tú también eres inteligencia. Lo que estás haciendo es permitir que una inteligencia coopere con la otra. No lo hará por ti, sino contigo.

Imprime sobre la mente universal el objeto de tu deseo y procede a actuar sobre esa imagen, con calma y sabiendo cuál será el resultado, permitiendo que esa inteligencia más grande obre sobre ti, en colaboración con tu propia inteligencia, para conseguir unos resultados. Abandona todo temor y dedícate a tus asuntos, con la seguridad de que pronto aparecerán a la vista las condiciones necesarias, o de que ya están presentes. Permanece alerta ante cualquier pequeña circunstancia que indique el primer brote de la semilla que has plantado en la mente universal, y permite que vaya materializándose poco a poco.

Admito que esto no es nada consecuente con nuestro condicionamiento. Pero para convertirnos en manifestadores, tenemos que desprendernos de viejas creencias y adoptar una sabiduría interna que nos ayude a detener la manifestación de las circunstancias que deseamos cambiar.

Cuanto mayor sean la fe y el entusiasmo que pongas en la formación de imágenes mentales, tanto más probable será que puedas verlos manifestarse. Lo que estás haciendo es visualizar literalmente con todo detalle lo que deseas manifestar. Te distancias del resultado y del modo de conseguirlo. No se trata ahora de crear, sino de atraer hacia uno mismo lo que ya está creado, y de permitir que la energía del espíritu se transforme en la energía de la materia. Verás con gran detalle aquello que deseas, y afirmarás repetidamente esta imagen, con tu fe en el poder absoluto que hay en todas las cosas, incluido en ti mismo.

Puedes imaginarte a ti mismo como una persona saludable, con un negocio en plena expansión, con objetivos de venta que se cumplen, con unas relaciones más positivas, vendiendo tu casa si lo deseas, con las finanzas saneadas o cualquier otra cosa. La clave consiste en repetir estas imágenes mentales hasta que la verdad de lo que afirmas resuene dentro de ti sin el menor atisbo de duda.

El mejor momento para realizar este trabajo en profundidad es a primeras horas de la mañana o poco antes de retirarse por la noche. También me parece útil el uso de sonidos y afirmaciones específicas. Estos se describen en los principios séptimo y octavo.

Estoy seguro de que, a estas alturas, una de las cuestiones clave que te habrás planteado será: «Muy bien, pero ¿qué sucede si no se materializa como lo imagino?». Vale la pena dedicar un poco de atención a este tema.

Cuando parece que no funciona

Es característico del ego el tratar de forzar las cosas cuando no salen como uno quiere. Todos sabemos la estupidez que supone arrodillarse y tironear de los nuevos brotes de verduras cuando empiezan a surgir en la primavera. Necesitan crecer a su propio ritmo, y florecerán exactamente en el momento adecuado.

Si tu imagen no se manifiesta en el plazo que te has fijado, relájate y retírate ante la certeza de que, sea lo que sea, ya se encuentra en su lugar en el ámbito espiritual. La energía está ahí en virtud del poder de tu visualización. El tiempo no es una característica reconocible para la sabiduría que todo lo crea. Otra faceta que explicaría por qué tus imágenes no aparecen en el mundo material es la frecuencia con la que quizá las cambias. El poder con el que estás trabajando es una fuerza muy sensible que exige unas imágenes mentales consistentes y estables.

También es posible que estés utilizando mal tu poder, situando restricciones y contingencias en la inteligencia universal. Esta sabiduría que todo lo crea, el principio a partir del cual se originó todo, no depende en modo alguno de personas o cosas específicas. No tiene pasado y no conoce futuro. Está en el ahora eterno y, lo que es más importante, se sirve de sus propios medios para actuar. Si empiezas a transmitirle órdenes, a plantearle exigencias o a insistir en que actúe a través de un canal específico, no accederá a tus peticiones.

Te será imposible manifestarlo si lo visualizas sin una voluntad lo bastante firme como para superar cualquier idea en contra o la falta de fe en tu conexión con Dios. El segundo principio de este libro trataba precisamente sobre la fe y la confianza. Vuelve a leerlo si tienes la sensación de que necesitas reforzarlo. Es absolutamente necesario que confíes en el poder de la atracción. Todo esto se hace con mucha mayor efectividad de una forma íntima.

El valor de la discreción

Establecer un contacto consciente con el más alto poder infinito que lo ha creado todo es algo muy íntimo. Los *naguals* (un término de los indígenas americanos con el que se designa a los maestros o brujos espirituales) y los místicos que practican y enseñan estos métodos, preservan su intimidad. Además, consideran como una violación de su confianza sagrada el hablar a otros acerca de sus habilidades y las «coincidencias» de la buena fortuna.

Nuestro poder se ve debilitado cuando hablamos a otros de nuestros esfuerzos por manifestar. En general, cuando describimos estas actividades lo hacemos porque el ego ha penetrado en la imagen. Esta clase de enfoque disipa considerablemente nuestro poder de atracción.

Es propio de la naturaleza humana hablar a los demás acerca de los problemas, porque deseamos aliviar la influencia que ejercen sobre nuestra vida. Al compartir, esperamos aliviar algo la presión del problema. Del mismo modo, cuando articulamos nuestro poder para atraer algo, nuestra atención se desplaza hacia las reacciones de aquellos en quienes confiamos. La energía se dispersa entonces en la dirección de tus reacciones, del mismo modo que sucede cuando compartimos los problemas. En el momento en que un pensamiento se presenta a otra persona, se ve debilitado. Mantén tu singular capacidad para atraer lo que deseas en el plano de lo privado.

Tu energía etérea es tuya y nada más que tuya. Puedes aprender a proyectarla hacia el exterior e influir en tu entorno de una forma que jamás hubieras imaginado. No obstante, y para poder utilizar esta energía extraordinaria en el proceso de la cocreación, tiene que seguir siendo tuya y sólo tuya. Si hablas a otra persona sobre ella, la energía disminuye. Se desplaza entonces hacia el interés por la buena opinión del otro.

Esta energía superior, que es infinita, tiene que crear sus propios vehículos para la manifestación, y lo hará en la intimidad. Esta sabiduría infinita y superior que lo ha creado todo es una fuerza vital que reconocerás una vez que te hayas familiarizado con su naturaleza.

La naturaleza de la fuerza vital

Es difícil comprender una fuerza que no podemos ver, tocar, oír u oler y que, sin embargo, sabemos que existe. Como la electricidad, por ejemplo. Se enchufa el aparato y no se puede ver, tocar, oler u oír nada de lo que sucede, pero el secador eléctrico responde cuando se aprieta el botón del encendido.

La fuerza vital es eléctrica por naturaleza, independientemente de dónde parezca estar localizada. En nuestros propios cuerpos, el *chi* o *prana*, la fuerza vital, fluye en diminutas cargas a lo largo de nuestros nervios, de una célula a otra. Los antiguos curanderos hawaianos, conocidos como *kahunas*, creían que las formas de pensamiento podían llevarse de un lado a otro a lo largo de esta corriente. Creían que los pensamientos tenían cuerpos indefinidos, microscópicos y casi invisibles. Esta clase de percepción permitía a los *kahunas* participar en prácticas curativas fenomenales. Eran capaces de transmitir la voluntad de curar a lo largo de estas corrientes y de facilitar la salud allí donde había existido la enfermedad.

He visualizado una corriente fluyendo entre mi pensamiento y una zona dolorosa o enferma de mi cuerpo. Mediante el uso de mi voluntad y la visualización de la corriente, envío mensajes desde mi voluntad a esas zonas para liberarlas del dolor o para curar la herida. Y he obtenido resultados asombrosos. Los cuerpos indefinidos de mis pensamientos se convirtieron así en cosas que yo podía enviar a lo largo de esta corriente invisible, y como yo creía que funcionaba, funcionó.

Ésta es una buena forma de pensar en la fuerza vital, que también es la fuerza de Dios, que lo ha creado todo. Es invisible, de naturaleza eléctrica, está siempre fluyendo y se ve siempre atraída hacia aquello que se conecta con su fuente. Una segunda característica de la energía de la fuerza vital es que siempre está en expansión y que tu suministro es ilimitado.

La naturaleza del universo es la abundancia. Va más allá de nuestros conceptos de principio, final y de límites. Cuando creemos haberla categorizado y encerrado dentro de unos límites espaciotemporales, se expande más allá de nuestra conciencia, casi como si tuviera que alejarse aún más de la observación. Esta fuerza se halla en continuo movimiento, siempre en expansión y es ilimitada.

Tú eres un aspecto de esa fuerza y, en consecuencia, también fluyes, también te expandes y eres ilimitado. Si observaras tu cuerpo a través de un microscopio con un alto poder de resolución verías que estás compuesto de espacios vacíos, con partículas en continuo movimiento que no tienen forma material. Al enfocar la lente sobre las partículas, verías que se mueven a velocidades increíbles, más allá de tu capacidad para medirlas. Al mirar hacia el exterior, a través del telescopio, te encuentras con los mismos fenómenos. Es decir, el universo que existe dentro de ti y el que existe fuera de ti funcionan de la misma manera.

Forma parte de tu naturaleza el poder para atraer, expandirte y ser ilimitado. La fuerza está en ti y fuera de ti. La fuerza eres tú. Al conocer la naturaleza de esta fuerza y verte a ti mismo como una expresión divina de ella, y al aprovechar el poder que te permite imaginar un deseo y utilizarla con un conocimiento íntimo, cariñoso y alegre, puedes usar esa fuerza vital de formas que serían impensables con tu visión condicionada de ti mismo.

He aquí unas pocas sugerencias para poner en práctica estas ideas en tu vida y empezar a dominar el cuarto principio espiritual de la manifestación.

Algunas ideas para aplicar este principio

- Por la mañana, al levantarte, tómate un momento para estar a solas y pregúntate: «¿Cómo se produjeron las condiciones de mi vida que me gustaría cambiar?», «¿Cómo puedo facilitar el establecimiento de un contacto consciente con mi fuente de energía ilimitada e invisible?».

  Estas dos preguntas, planteadas repetidas veces, empezarán a crear sus propias respuestas. Recuerda que es el espíritu el que otorga vida y movimiento a todas y cada una de las cosas, incluido tú mismo. Eso es lo que causa tu misma existencia. En consecuencia, lo que realmente estás pidiendo es unirte con el espíritu de tu vida.

  Pronto te darás cuenta de que las condiciones de tu vida han sido manifestadas por ti mismo, aun cuando no fueras consciente de ello. Tus pensamientos e imágenes mentales de carencia, escasez, ensimismamiento, autoritarismo, enfermedad, culpabilidad, preocupación y otros similares son los que has situado en el espíritu universal y así se han manifestado en tu vida. La segunda pregunta fluirá a partir de la respuesta a la primera.

  Puedes acelerar tu contacto consciente irradiando una clase de imagen mental totalmente nueva, al mismo tiempo que aplicas el cuarto principio.

- Explora la posibilidad de que la razón por la que crees que la vida es limitada sea porque has asumido que esa limitación está en tu propia vida.

En el mundo de la naturaleza, la vida, el amor y la belleza se reproducen visiblemente. Tú también formas parte de la naturaleza. ¿Incluye tu visión de la vida el proceso creativo natural que se reproduce dentro de ti mismo? ¿O has asumido una visión de la vida propia de un ingeniero, con una conclusión mecanicista de causa y efecto?

Quizá podrías cambiar esta idea de la causa y el efecto, verlos como una ley, pero no como la ley. La ley de la mente originadora está más allá del mundo de los límites y las mediciones. Tú te originaste a partir de esta ley, y tu imaginación es un ejemplo perfecto de ello. No hay reglas, ni límites, ni formas. ¡Todo es ilimitado!

La fuente de tu imaginación es la fuente divina. Es aquí donde estableces ahora contacto con la fuente de luz, en eterno movimiento, siempre viva. Permanece en este lugar y experimentarás el contacto consciente con la inteligencia divina que lo ha creado todo.

- Sea cual fuere la imagen que puedas crear mentalmente, esta te ayudará a saber que la energía creativa fluye a través de ti. Tu imagen mental también aporta una dirección al flujo de energía. Y determina su eventual aparición en forma material.

  Con tu imagen no estás forzando nada. El esfuerzo agotador es contraproducente para la manifestación porque implica la idea de una fuerza que hay que superar. Rechaza la idea de forzar nada o de plantear demandas. En lugar de eso, imagina el conocimiento creativo que te permitió llegar hasta este mundo de la forma. La fuente de la creación es una energía cariñosa, fluida, suave y pacífica. Cualquier intento por cambiar eso con exigencias o con un esfuerzo agotador no hará sino inhibir el flujo.

- Es vital que incorpores en tu imagen mental el concepto de un principio y un final, o de un primero y un último. Al aplicar este pensamiento alfa y omega, estableces que primero es el pensamiento, el principio, lo que crea la forma, que es el final.

El pensamiento encuentra forma en algo situado en el tiempo y en el espacio. La expresión del pensamiento en la forma implica un desarrollo gradual, con un principio y un final.

- No limites nunca el espíritu de ninguna forma. Si experimentas alguna clase de fricción, eso significa que existe un error en tu pensamiento y en tu proceso de formación de imágenes, no que la fuerza creativa funcione de modo incorrecto. No puedes originar la fuerza originadora, sino sólo distribuirla.

  Limítate a comunicarle al espíritu lo que deseas, sin decirle cómo deseas que suceda. Luego retírate, lleno de fe y confianza. No necesitas especificar los detalles, simplemente prepárate para verlos particularizarse en una disposición infinita de posibilidades. ¡Permanece atento para detectar los indicios!
- Guárdate tus imágenes mentales para ti mismo. Lo que deseas atraer es una cuestión íntima, algo entre tú y Dios. Discutirlo con los demás no hará sino disipar la energía en la dirección del ego y de las opiniones de los demás.

  Sé discreto y silencioso de cara al exterior, al tiempo que mantienes interiormente la fe en tu capacidad para establecer el contacto consciente con la energía que es la fuente de la existencia. Despréndete de la necesidad de convencer a los demás de lo correcto de tu postura. Permanece al margen de la opinión de los demás y concéntrate en tu capacidad para atraer aquello que piensas que falta en tu vida.
- Examina todas las cosas de las que careces. Luego, di para ti mismo: «He creado todo esto con mis pensamientos, condicionamientos, creencias y acciones». Sólo al reconocer que siempre has atraído hacia ti aque-

llo que has irradiado hacia el exterior, en forma de energía invisible, podrás utilizar esta misma energía de una manera mucho más productiva.

Destierra cualquier sentimiento de culpa sobre tus acciones del pasado. No existe pasado en la fuerza creativa de la energía. Sólo existe un ahora universal. Ahora sabes que no has hecho sino manifestar las cosas que supiste atraer en el pasado, y vas a cambiar eso. Has atraído precisamente todo aquello que necesitabas en cada uno de los días de tu vida que constituyen el ahora universal. Y en este mismo ahora, vas a asumir una nueva pauta de energía que te conducirá al cuarto principio de la manifestación.

Nada está fuera de ti. Puedes atraer cualquier cosa una vez que sepas que existe en la conciencia de tu mente y que tiene que materializarse a partir de tus nuevos pensamientos. Sé responsable y confía, y verás funcionar casi inmediatamente tu poder de atracción.

- El pensamiento es acción creativa. No es ni bueno ni malo. No obstante, aquellos pensamientos sobre los que más meditas son los que determinan qué poseerás o no poseerás. Aquello en lo que pienses es aquello en lo que te convertirás.

Sé consciente de los pensamientos o imágenes que pueden manifestar algo que no deseas. Si tus condicionamientos te impulsan a pensar en términos de pesimismo, o de imposibilidades, o hacen que utilices tus desgracias pasadas como excusa para no tener una vida más feliz y abundante, erradica esos pensamientos de tu mente. Si descubres que no haces sino quejarte ante los demás, recuerda que tus quejas no son más que una manifestación de tus pensamientos.

Dirígete directamente al poder que te permite tener pensamiento, y pídele que te ayude y te guíe hacia nuevas formas de crear imágenes mentales. En cuanto te descubras inmerso en pensamientos o quejas, puedes iniciar la formación de esas nuevas imágenes. Este nuevo proceso de formación de imágenes mentales te resultará muy fácil una vez que comprendas que estás conectado con el poder que permite que atraigas todo aquello que deseas.

Por difícil que sea de concebir, debido al condicionamiento del ego, lo cierto es que eres una de las formas mediante las que Dios se ha particularizado en este mundo material.

- Empieza a actuar como si ya existiera en tu vida aquello que quisieras atraer. Si deseas crear curación, formula la imagen, irradia hacia el exterior esa energía para conectar con la energía que todo lo ha creado, sé alegre y confía en tu conocimiento, no lo compartas con nadie y luego empieza a actuar de una manera nueva y saludable.

  El universo te dará algunas pistas mínimas para empezar tus nuevas acciones. Proceder a actuar de acuerdo con tu imagen mental permitirá acelerar el proceso.

  Si deseas materializar más prosperidad, inicia el proceso de pensar en la abundancia y de actuar también del mismo modo. Da gracias por todo lo que se ha manifestado en tu vida. Examina las posibles maneras de mostrar tu agradecimiento y corre algunos riesgos, sabiendo que aquello que deseas atraer ya es una energía que compartes. Cómprate algo especial y entrega algo a alguien menos afortunado, aunque tu ego lo rechace.

- *Hojas de hierba*, de Walt Whitman, es uno de mis libros favoritos. Te recomiendo que leas diariamente pequeños fragmentos, como hago yo con frecuencia. He aquí una parte que habla de nuestra unicidad con la energía divina.

  A través de la inmensidad informe del espacio,
  ¿cómo pensaría yo, cómo respiraría, cómo hablaría si,
     desde mí mismo,
  no pudiera lanzarme hacia esos universos superiores?

Me sobrecogen de pronto el pensamiento de Dios,
la naturaleza y tus prodigios, el tiempo, el espacio y la muerte,
pero me vuelvo y te invoco, oh alma, oh, mi ser real,
y he aquí que dulcemente dominas a los astros,
te unes al tiempo, sonríes satisfecha con la muerte,
y llenas y expandes las inmensidades del espacio.

La palabra clave en este pasaje es, según mi opinión, «mi ser real». Lo mismo puede aplicarse a ti, que a Walt Whitman, o a cualquier otra persona en el universo.

Con esto concluye la exposición del cuarto principio de la manifestación espiritual. En pocas palabras, este principio nos dice que hay una inteligencia y un poder creativo y sensible en toda la naturaleza. Y esa inteligencia es dócil a nuestras sugerencias.

Tú formas parte de la naturaleza y de esta inteligencia, que es mayor que cualquier individuo. El individuo que eres, también es una forma particularizada de esa inteligencia. Este infinito poder se encuentra en todas las cosas y en todo el espacio y se manifestará desde la energía espiritual o informe que existe en el mundo invisible, hasta el mundo de la forma y de los límites.

Una vez que sepamos esto más allá de toda duda y que lo pongamos en práctica en nuestras vidas, veremos las imágenes de los deseos de nuestro corazón transformadas en nuestra realidad exterior. El quinto principio explica la importancia de nuestros sentimientos, absolutamente dignos de recibir estos dones.

Quinto principio

Respeta tus méritos para recibir

Para ser un manifestador, para tomar literalmente parte en el proceso de creación de tu vida y atraer aquello que desea tu corazón, tienes que saber que eres digno de recibir. Eso significará examinar las actitudes que mantienes, consciente e inconscientemente, acerca de tu vida. Lo que debes examinar son tus pensamientos, que son los arquitectos de los cimientos de tu mundo material.

La manifestación supone la utilización del poder de tu mundo interior para establecer una relación plena con la vida y atraer hacia ti aquello que deseas. Puedes recordarte continuamente que el poder que lo trajo todo al mundo físico es el mismo que también te trajo a ti, pero si no te sientes digno, perturbarás el flujo natural de la energía en tu vida y crearás un bloqueo que imposibilitará la manifestación.

El quinto principio está encaminado a recordarte que eres digno de obtener abundancia. Si tus pensamientos se basan en una imagen de desmerecimiento, sea cual fuere la razón, manifestarás lo que esos pensamientos imparten a la mente universal. La energía descrita en el cuarto principio se alineará con aquello que tú irradies. La frase «Un hombre es aquello que piensa» no son palabras vacías. Expresan una verdad básica acerca de cómo funciona el universo.

Pensar que la abundancia es incompatible con la espiritualidad es un mito que nos influye a muchos de nosotros, y constituye el mayor impedimento para sentirse merecedor de esa abundancia.

¿Egoísta?

El mito de que la abundancia y la espiritualidad son incompatibles se ve alimentado por la idea de que es egoísta e impropio visualizar y desear cosas materiales. Examinemos, pues, esta actitud y determinemos si también tú has llegado a considerarla como cierta.

Echa un vistazo a tu alrededor y observa la abundancia e infinitud de nuestro universo. Se extiende mucho más allá de nuestra capacidad para imaginar su vastedad. Esta abundancia fluye a partir de la misma energía que abarca nuestra esencia fundamental. La abundancia eres tú. Tú eres ella. No te engañes.

El espíritu se da a conocer a través de la forma material, mientras nosotros mismos ocupamos una forma. El espíritu se manifiesta en los árboles, los océanos, los peces, las aves, los minerales, las plantas, las flores y en ti. Todo lo que ves a tu alrededor es una parte de la manifestación material del espíritu. La materia no es una ilusión o algo que no debiera existir, sino un medio necesario que permite al espíritu diferenciarse sobre el plano de la existencia.

Tener la sensación de que es egoísta o no espiritual el desear y manifestar, supone dividir el mundo del espíritu y el mundo de la materia en polos opuestos. Al considerar el espíritu como incompatible con la materia, negamos que el espíritu que hay en la materia sea la energía a partir de la cual se origina. Y con ello también negamos la validez de nosotros mismos como seres espirituales.

No hay razón alguna para sentirnos avergonzados por desear que las cosas se manifiesten en nuestra vida. Es mucho más positivo pensar que merecemos que esas cosas se manifiesten y que estemos dispuestos a participar en la danza de la creación. Al darnos cuenta de que juntos conforman un todo armonioso, eliminamos el estigma del egoísmo. Del mismo modo que cada uno de nosotros somos un todo armonioso compuesto de espíritu y materia, también lo es el universo entero.

El proceso de la vida que toma forma es un misterio. Ese misterio se ve gobernado por una energía creativa que se puede conocer cuando nos sentimos genuinamente merecedores de recibir sus bendiciones en forma material. La abundancia es lo que caracteriza a la fuerza creativa en el universo. Tienes derecho a disponer de abundancia en tu vida y a irradiar prosperidad hacia todo lo que se encuentra en tu mundo. Sintiéndote pequeño e insignificante lo único que conseguirás es que eso se manifieste en tu vida.

Para fomentar la actitud de que mereces abundancia, será útil examinar lo que quieres cambiar con objeto de cultivar este conocimiento en el nivel celular de tu ser.

Los componentes básicos del merecimiento

Todo aquello que necesitas dominar para lograr que este quinto principio se convierta en un modelo útil en tu vida lo tienes a tu disposición, en forma de actividad mental. No necesitas salir al mundo y conquistar nada. Se trata, simplemente, de cambiar tu mentalidad y convencerte a ti mismo de que mereces recibir todas las bendiciones de Dios, ya sean materiales o de otro tipo.

Se han hecho grandes esfuerzos por condicionarnos y hacernos sentir indignos de tener todo aquello que ofrece la vida. La mayoría de nosotros hemos aceptado muchas de las cosas que nuestros egos han puesto en nuestro camino, empezando por nuestra llegada a este mundo como niños. Ciertamente, no hay nada de erróneo en asumir una actitud de pobreza y ascetismo. Si ese es tu camino, lo sabrás en lo más profundo de tu ser, y sabrás igualmente que Dios se manifiesta en todas las cosas, tanto materiales como inmateriales. No tiene ningún sentido calificar el espíritu de mejor o peor, basándose en las creaciones de Dios que cada uno elige tener en su vida.

Sentirse merecedor de cualquier bendición o deseo es una característica de tu vida interior. Para eliminar el estigma del egoísmo materialista, quizá necesites reacondicionar tus propias percepciones internas. A continuación se indican las principales percepciones de los seres que saben que son dignos y merecedores de la bendición de Dios.

1. *Mi autoestima procede de mí mismo.* La afirmación de la percepción interna de la persona que piensa así puede ser más o menos la siguiente: «Como hijo de Dios, soy digno. No estoy dividido en espíritu y cuerpo, sino que más bien formo parte de la creación que lo conoce todo, llamada Dios. Soy un humano que expresa a Dios sin reservas ni restricciones».

    Una de las razones por las que los niños son capaces de expresar a menudo genio es porque todavía no han sido hipnotizados por la idea de ser limitados. Si son capaces de resistirse a ese hechizo hipnótico, siguen siendo genios y pueden expresar su yo ilimitado a través de sus vidas en la tierra.

    Sucede con frecuencia que son las ideas de otros egos las que nos hacen sentir indignos. Escuchamos las advertencias de personas que tienen una baja autoestima, y que intentan ejercer influencia y poder sobre nosotros. Aceptamos entonces las convalidaciones externas de nuestra falta de merecimiento y empezamos a vernos tal como otras personas importantes quisieran hacernos creer que somos. La mayoría de los niños pequeños no pueden resistirse a estas ideas. Pero, como adultos, podemos mirar hacia atrás, y liberarnos de esa idea absurda que nos han inculcado.

    Debes saber que formas parte de la luz que ilumina a todo hombre. Eres una demostración palpable de la existencia de Dios y llevas a Dios dentro de ti mismo, en tu propia individualidad particularizada. En consecuencia, debes decir con total convicción: «Dios está en mí y yo estoy en Dios». Esta es la verdad que te liberará de tus sentimientos de indignidad, y te permitirá atraer todo aquello que deseas.

Piensa que tus deseos de manifestar son algo que ha sido colocado ahí por el espíritu, y que esos deseos, alojados en el amor y en el servicio, son precisamente lo que Dios desea darte, y que tu deseo es el camino directo para recibir tales bendiciones. Rechaza la idea de que el deseo es egoísta y recuerda que si no tuvieras deseos, seguirías llevando una existencia infantil, rodeado de juguetes.

Cada vez que te sientas indigno de recibir tus manifestaciones, recuerda que nadie es indigno y que la misma energía divina que fluye a través de ti, fluye también a través de todos los hijos de Dios. Todos somos dignos, incluido tú.

Tus deseos son la herramienta que te permite crecer y experimentar la perfección del universo. Te llevarán más allá de cualquier limitación que hayas podido asumir y te conducirán hacia una conciencia espiritual más elevada. Hasta la idea de alcanzar iluminación y llegar a ser un maestro es un deseo que debes respetar.

2. *Me acepto a mí mismo sin reparos.* Una persona que se acepta a sí misma de esta manera piensa algo así: «Estoy dispuesto a afrontar todo lo que se refiere a mí mismo, sin caer en el autodesprecio y sin repudiar mi valor esencial como una pieza de Dios».

Debemos aceptarnos de modo incondicional a nosotros mismos. Aceptarse a uno mismo no significa aceptar necesariamente todo tipo de comportamientos. Se trata más bien de una negativa a participar en actos saboteadores de autodesprecio. Si te rechazas a ti mismo, no podrás sentirte digno de la munificencia del universo. Tu energía se centra en lo que hay de erróneo en ti, y te lamentas ante ti mismo y ante cualquiera que esté dispuesto a escucharte.

Has aparecido aquí en un cuerpo específico, dotado de unas ciertas características físicas, con ciertas medidas y unos padres y hermanos concretos. Esta es tu realidad en el plano físico, y se necesita una gran voluntad para mirarse a uno mismo y decir: «Acepto esto sin quejarme».

Si no estás dispuesto a hacer tal declaración, tu fuerza interior se verá socavada por la cólera, la culpabilidad, el temor y el dolor, todo lo cual, combinado, soslaya la posibilidad de que tus deseos se manifiesten. Recuerda que la idea de atraer las cosas hacia uno mismo se basa en la idea de que «Aquello que debería ser... ya está aquí». Tu deseo ya está aquí y sólo puede fluir hacia tu vida inmediata si tú te muestras abierto a que así suceda. Esos pensamientos de autodesprecio te impiden situar en el universo el conocimiento y la energía amorosa que van a trabajar para ti.

La autoaceptación no es nada más que un cambio en la conciencia. Sólo exige un cambio de mentalidad. Si se te cae el cabello, tienes la alternativa de disimularlo, preocuparte o aceptarlo. La aceptación significa que, en realidad, no tienes que hacer nada al respecto. Simplemente, respetas tu cuerpo y la inteligencia divina que está obrando sobre ti. Cuando algún otro te indica que tienes un problema porque se está cayendo el pelo, ni siquiera te preocupas por la observación. La aceptación elimina de un plumazo la etiqueta de «problema».

No se trata aquí de una actitud fingida. Lo que haces es, simplemente, apartar al ego de tus valoraciones internas, centradas en la aprobación de los demás. Gracias a la autoaceptación, puedes decir honestamente: «Soy lo que soy y lo acepto». Una vez que hayas instalado firmemente esta actitud, desde una postura de honestidad contigo mismo, la certeza de que mereces recibir los dones del universo estará alineada con ese divino poder.

El autorrechazo, en cambio, provoca un desajuste en la alineación con tu divinidad. Sólo tú puedes efectuar ese cambio. Se trata simplemente de cambiar tu percepción interna.

3. *Acepto plenamente la responsabilidad por mi vida, por lo que es y lo que no es.* Eso supone la eliminación de nuestra fuerte inclinación, dominada por el ego, a echar a los demás la culpa por aquello que no hay en nuestras vidas. Asumir plenamente la responsabilidad significa tener conciencia del poder inherente a uno mismo.

En lugar de decir: «Me han hecho tal como soy ahora», piensa más bien: «Elegí ser pasivo y temeroso cuando estoy con otras personas». Y eso se aplica a todas y cada una de las facetas de tu personalidad y de las circunstancias de tu vida.

Estar dispuesto a aceptar plenamente la responsabilidad sobre ti mismo, te coloca en la postura de ser digno de recibir y atraer aquello que deseas. Si algún otro fuera el responsable de tus defectos y le achacaras a él tus problemas, estarías diciendo con ello que para manifestar el deseo de tu corazón necesitas obtener el permiso de esa otra persona. Este acto de abdicación de la propia responsabilidad destruye la capacidad para capacitarse a uno mismo hasta alcanzar niveles superiores de conciencia.

Al saber que eres responsable de cómo reaccionas ante cada situación de la vida, y que estás a solas contigo mismo, puedes situar en el universo, de un modo muy íntimo, aquello que deseas manifestar en ti mismo. Sin embargo, al echar la culpa a los demás de las situaciones que se produzcan en tu vida, desplazas el poder hacia esas otras personas, a las que consideras responsables de crear esas circunstancias.

Yo mantengo un diálogo interior privado con el universo acerca de las circunstancias que surgen en mi vida. Parto de la postura de que no son en modo alguno accidentes, de que todo lo que me ocurre conlleva una lección y que he sido yo el que lo ha hecho aparecer en mi vida. Por absurdo e incongruente que pueda parecer, me digo a mí mismo: «¿Por qué he creado esto en este preciso momento?».

Así pues, si tengo un pensamiento negativo y en ese mismo instante me golpeo la cabeza con la puerta de un armario de la cocina, me digo: «¿En qué estaba pensando en este momento?», y asumo plenamente la responsabilidad de corregir esos pensamientos negativos, así como el golpe que me ha recordado la necesidad de corregir esa forma de pensar. Hago lo mismo cuando estoy escribiendo. Si me siento inclinado a acudir al buzón de correos antes de ponerme a escribir, sigo esa señal interna y a menudo me encuentro en el correo con un artículo que me clarifica un punto sobre el que me sentía confuso. Asumo la responsabilidad de saber que aquello que necesitaba estaba ahí, y de dejarme guiar por la voz interior de mi intuición.

Este pequeño juego me sirve para asumir plenamente la responsabilidad por mi vida y erradicar la inclinación a achacar la culpa a otras personas o a las circunstancias. Confío en mi sabiduría interior, y en las aparentes casualidades, y sé que yo soy el responsable de todo eso. A medida que se ha ido desarrollando ese sentido de la responsabilidad, me resulta cada vez más difícil achacar a alguien lo que sucede en mi vida, desde las cosas más nimias, como darme un golpe o producirme un corte, o que otros no acudan a tiempo a una cita, hasta las grandes decepciones y mi relación con mi esposa y con el resto de mi familia; asumo la plena responsabilidad por todo ello.

Confío en la sabiduría divina que se ha particularizado en mí y que permite que estas cosas se produzcan. Me niego a cuestionar esa sabiduría y a atribuir a otros mi buena o mala suerte. Lo acepto todo como parte del papel que tengo en el universo, sin quejarme.

La voluntad de responsabilizarte de ti mismo sin quejarte te sitúa en el flujo natural de toda la energía divina. Eso te evita tener que luchar contra el mundo, y avanzar con él. Todo aquello de lo que te quejes implica que figurativamente has de tomar las armas para combatirlo. Y todo aquello contra lo que necesites luchar no hace sino debilitarte, mientras que todo aquello sobre lo que estés a favor, te capacita.

Te estoy pidiendo que seas tú mismo. Al asumir una actitud responsable te darás cuenta de que los cielos son extraordinariamente cooperativos. Conseguir que los cielos cooperen significa alejarse de la mentalidad proclive a quejarse, y aceptar la más plena responsabilidad sobre uno mismo.

4. *Elijo no aceptar la culpabilidad en mi vida.* Esta actitud mental crea pensamientos como: «No desperdiciaré la preciosa moneda de mi vida, mi existencia actual, inmovilizado por la culpabilidad por lo que ocurrió en el pasado».

Esta declaración exige conocer la diferencia entre a) arrepentirse de verdad y aprender del pasado, y b) pasarse la vida haciéndose reproches y sintiéndose culpable. Aprender de los propios errores y emprender acciones correctoras son prácticas espiritual y psicológicamente sanas. Hiciste algo, no te gustó cómo te sentiste después, y decides no repetir ese comportamiento. Eso no es culpabilidad. La culpabilidad aparece cuando continúas sintiéndose inmovilizado y deprimido, y esos sentimientos te impiden vivir en el presente.

Al dejarte agobiar por la culpabilidad, llenas tu energía de angustia y reproche. Te haces tantos reproches que no te sientes merecedor de recibir las bendiciones del universo o de cualquiera que forme parte de él. Los sentimientos persistentes de culpabilidad te impedirán manifestar nada que valga la pena porque estarás atrayendo hacia ti esas mismas cosas que sitúas en el universo. Cuanto mayor sea la angustia, más razones tendrás para sentirte mal y más pruebas encontrarás para demostrar que no eres merecedor de lo que deseas.

Cuando utilizas tus comportamientos del pasado para aprender de ellos y sigues adelante, al margen de lo horribles que te hayan parecido, te liberas de la negatividad que rodea esas acciones. Perdonarse a uno mismo significa que puede extender el amor hacia sí mismo, a pesar de haber percibido dolorosamente las propias deficiencias.

Una vez aprendida esta valiosa lección, buscas también el perdón de Dios. Pero si continúas abrigando el dolor en tu interior, te sentirás indigno del perdón de Dios y, en consecuencia, no podrás aceptar ninguno de tus derechos divinos, como hijo de Dios.

No importa qué es lo que no te gusta de ti mismo, incluidos tus comportamientos y tu aspecto, pero para tener éxito a la hora de la manifestación necesitas amarte a ti mismo a pesar de los defectos que puedas encontrarte. Por ejemplo, si sufres crónicamente de un exceso de peso, o eres adicto a alguna sustancia, tus frases internas de culpabilidad serán aproximadamente del siguiente tenor: «Voy a amarme realmente a mí mismo cuando finalmente alcance un peso normal», o bien: «Me valoraré verdaderamente a mí mismo como un ser humano digno cuando haya superado finalmente esta adicción de una vez por todas».

Las frases de culpabilidad no hacen sino reforzar una actitud de desmerecimiento, e inhiben el proceso de la manifestación. Tienes que cambiar estas frases y decirte a ti mismo cosas como: «Me amo a mí mismo aunque tenga exceso de peso. En primer lugar, yo no soy este exceso de peso y me niego a pensar en mí mismo en términos autodegradantes, independientemente del estado de mi cuerpo. Soy amor y extiendo ese amor a todo lo que soy». Esta misma clase de programación interna tiene que producirse en el caso de las adicciones o de cualquier otra cosa por la que te sientas culpable.

Hay 483.364 palabras en *Curso de milagros*. La expresión «manténte alerta» sólo aparece una vez: «Manténte alerta ante la tentación de verte a ti mismo como injustamente tratado». La advertencia alude a la necesidad de eliminar la culpabilidad y asumir la responsabilidad por la propia vida. Al eliminar la inclinación a revolcarse en la autocrítica, también eliminamos la idea de que nos redimiremos gracias al sufrimiento en el momento presente, y de que podemos pagar por nuestros pecados con culpabilidad. La vida no funciona de ese modo. Tus sufrimientos te mantienen en un estado de temor e inmovilidad. Y esa no es la solución para los problemas de tu vida.

Existe, sin embargo, una solución, que consiste en amarse a uno mismo y en pedir a Dios que esos «defectos» no sean más que lecciones que te permitan alcanzar un nuevo nivel espiritual. Al negarte a aceptar la idea condicionada de que la culpabilidad es buena, de que mereces sentirte culpable y de que la culpabilidad te ayudará a expiar tus pecados, refuerzas la idea de ser merecedor de cualquier deseo que quieras manifestar en tu vida.

5. *Comprendo la importancia de que haya armonía entre mis pensamientos, mis sentimientos y mi comportamiento.* En la medida en que seas incongruente en cualquiera de estos tres ámbitos, el pensamiento, el sentimiento o el comportamiento, impedirás que se produzca el proceso de la intensificación de la conciencia y la capacidad para manifestar el deseo de tu corazón.

Este es el último de los cinco puntos que favorecen la aparición del sentimiento de que mereces recibir en tu vida la munificencia de Dios. Es también el más importante porque define tu nivel de integridad. Tener pensamientos acerca de cómo te gustaría dirigir tu vida, postular esos pensamientos como tu forma esencial de ser, y luego sentirse culpable, temeroso, angustiado o cualquier otra cosa como consecuencia de no haber estado a la altura de estos ideales, tiene como consecuencia un comportamiento adictivo, manipulador y contraproducente.

Para ser congruente debes ser honesto contigo mismo. Es crucial que examines tus pensamientos y proclames con franqueza qué es lo que eliges saber en tu interior. Aunque alguna otra persona perciba eso como una deficiencia, si eres honesto contigo mismo descubrirás que tus reacciones emocionales son consecuentes con tu mundo interior.

Sentirás paz y satisfacción y eso se pondrá de manifiesto en tu comportamiento. Esto es válido para prácticamente todo lo que afecte a tu vida, y se aplica a tus pensamientos sobre la salud, las relaciones con los demás, la prosperidad, Dios, el trabajo, la diversión y lo que sea. Si estos pensamientos se hallan enraizados en el amor y sabes honestamente que estás aquí para expresar amor, amabilidad y perdón hacia ti mismo, hacia tu trabajo, tus compañeros, hacia el dinero que recibes, tus creencias espirituales, etcétera, estarás en armonía y recibirás con agrado las bendiciones que resultan de tu conducta personal en estas cuestiones.

No obstante, si abrigas estos pensamientos y no actúas de acuerdo con ellos en el trabajo cotidiano de tu vida, sentirás que tu comportamiento es incongruente y, en consecuencia, no tendrás la sensación de merecer el cumplimiento de tus deseos.

Si sigues siendo incongruente, el comportamiento adictivo se mantendrá en tu vida. También los hábitos alimenticios poco saludables o las deficiencias que encuentres en ti mismo. Se trata de una afirmación un tanto fuerte, pero no hace sino reflejar la necesidad de que asimiles determinados conceptos si quieres sentirte merecedor.

No tienes que adoptar ninguna práctica espiritual o conjunto de creencias concretas. Tienes que crear un sentido de congruencia dentro de ti mismo para poder alcanzar ese estado de merecimiento, que es un requisito indispensable para el proceso de la manifestación. Si te ves carcomido por dentro, en ese rincón íntimo de conciencia al que no llega nadie más que Dios, tu comportamiento contraproducente no hará sino confirmar tu falta de congruencia interna.

Al ser honesto contigo mismo acerca de lo que crees, y actuar de acuerdo con tus principios, al margen de lo que puedan pensar o decir otros, promueves una sensación de paz interior que te transmite un fuerte sentido de merecimiento. Te animo a examinar cuidadosamente tus pensamientos en todos los ámbitos de tu vida, y a identificar aquellos que no estén en armonía con tus acciones. Luego, trabaja cada día para alcanzar un mayor grado de congruencia interna que satisfaga tus propias normas personales, y guárdate este proceso para ti mismo.

Verás entonces que los comportamientos que te disgustan empiezan a desaparecer y que promueves una sensación de equilibrio que te aporta paz. No hay nada que tu yo superior desee más que la paz. La paz te hará sentirte digno de las más ricas bendiciones de Dios, y al irradiar eso hacia el mundo exterior, este te devolverá lo mismo.

Estas cinco actitudes te proporcionan las herramientas para crear en tu interior un ambiente que propicie tu sensación de merecimiento. Todas ellas reflejan la capacidad para vivir pacíficamente en el momento presente, y para descartar muchas de las actitudes del pasado que te mantuvieron en un estado constante de incapacitación y te hicieron sentir indigno de manifestar más bendiciones y felicidad en tu vida. Esos sentimientos persisten a menudo porque te hallas encerrado en la historia de tus primeras heridas. Para finalizar el camino que conduce al merecimiento, tienes que cortar tu relación con esas viejas heridas.

Desvincúlate de las heridas de tu pasado

La inclinación a vincularnos con nuestras heridas, en lugar de dejarlas atrás, hace que experimentemos constantemente la sensación de no ser dignos. Una persona que haya experimentado acontecimientos traumáticos en la vida, como una violación sexual, la muerte de seres queridos, enfermedades traumáticas, accidentes, rupturas familiares, drogadicciones y otras cosas similares, puede llegar a vincularse con los dolorosos acontecimientos del pasado y rememorarlos para llamar la atención o despertar lástima en los demás. Esas heridas de nuestras vidas parecen darnos una gran cantidad de poder sobre los demás.

Cuanto más les hablamos a otros sobre nuestras heridas y sufrimientos, tanto más creamos un entorno de compasión por nosotros mismos. Nuestro espíritu creativo permanece tan conectado con los recuerdos de nuestras heridas que no puede dedicarse a transformar y manifestar. El resultado de ello es la sensación de desmerecimiento, de no ser digno de recibir todo aquello que se deseas.

Sucede a menudo que la narración de esos males va acompañada al principio por una especie de necesidad de que el interlocutor sepa lo horrible que fue y sigue siendo la herida sufrida. Al cabo de un rato el ego utiliza esta energía en una especie de juego de poder, en situaciones tanto individuales como de grupo, para estimular la discusión sobre lo duro que ha sido superar esa herida. Eso puede impedir que el individuo avance espiritualmente, reforzando la imagen de desvalido que tiene de sí mismo.

La tendencia a vincularnos con las heridas de nuestras vidas nos recuerda lo poco merecedores que somos de recibir nada de lo que realmente nos gustaría tener, debido a que permanecemos sumidos en un estado de sufrimiento. Cuanto más se recuerdan y se repiten estas historias dolorosas, tanto más tiene garantizado esa persona que no atraerá la materialización de sus deseos.

Quizá la frase más poderosa que puedas llegar a memorizar en este sentido sea: «Tu biografía se convierte en tu biología». A la que yo añadiría: «Tu biología se convierte en tu ausencia de realización espiritual». Al aferrarte a los traumas anteriores de tu vida, impactas literalmente sobre las células de tu cuerpo. Al examinar la biología de un individuo, es fácil descubrir en ella su biografía. Los pensamientos angustiosos, de autocompasión, temor, odio y otros similares, cobran un peaje sobre el cuerpo y el espíritu. Al cabo de un tiempo, el cuerpo es incapaz de curarse, debido en buena medida a la presencia de esos pensamientos.

El apego al dolor sufrido en los primeros años de la vida procede de una percepción mitológica según la cual «tengo derecho a una infancia perfecta, libre de dolor. Utilizaré durante el resto de mi vida cualquier cosa que interfiera con esta percepción. Contar mi historia será mi poder». Lo que hace esta percepción es darle permiso al niño herido que llevas dentro para controlarte durante el resto de tu vida. Además, te proporciona una fuerte sensación de poder ilusorio.

En el momento en que alguien se te enfrenta, se interpone en tu camino o incluso no está de acuerdo contigo, la vieja herida pasa a ocupar un primer plano con acusaciones de insensibilidad relativas a la forma en que te trata el otro. Este poder, sin embargo, está vacío porque no hace sino reforzar continuamente la idea de que no eres digno de verte libre de esos acontecimientos. Tu indignidad inhibe tu capacidad para atraer a tu vida la amabilidad y la abundancia que hay en el universo.

Esto, sin embargo, no significa que no debamos afrontar los traumas y ayudarlos a curar. Significa que tenemos que ser muy cuidadosos para evitar explicar nuestra vida actual en términos de una historia traumática anterior. Los acontecimientos dolorosos de nuestras vidas son como una balsa que se utiliza para cruzar el río. Debes recordar bajarte una vez que hayas llegado a la otra orilla.

Observa tu cuerpo cuando has sufrido una herida. Una herida abierta se cierra en realidad con bastante rapidez. Imagina cómo serían las cosas si esa herida permaneciera abierta durante mucho tiempo. Se infectaría y, en último término, acabaría por matar a todo el organismo. El cerrar una herida y permitir que cure puede actuar del mismo modo en los pensamientos de tu mundo interior.

Así pues, no lleves contigo tus heridas. Afróntalas y pide a la familia y a los amigos que sean compasivos mientras te recuperas. Luego, pídeles que te lo recuerden amablemente cuando se convierta en una respuesta predecible. Quizá en cuatro o cinco ocasiones tus amigos y personas queridas te dirán: «Sufriste una experiencia trágica y comprendo perfectamente tu necesidad de hablar de ello. Me importa, te escucho y te ofrezco mi ayuda si eso es lo que deseas». Después de varias situaciones de este tipo, pídeles que te recuerden amablemente que no debes repetir la historia con el propósito de obtener poder a través de la compasión de los demás.

Al retroceder en tu camino y reavivar continuamente tu dolor, incluyendo la descripción de ese dolor y la calificación de ti mismo (superviviente de un incesto, alcohólico, huérfano, abandonado), no lo haces para sentirte más fuerte. Lo haces debido a la amargura que estás experimentando. Esa amargura se pone de manifiesto en forma de odio y cólera al hablar de esos acontecimientos, con lo que no haces sino alimentar literalmente el tejido celular de tu vida a partir de tu cosecha de acontecimientos del pasado.

Eso hace que se extienda la infección e impide la curación. Y lo mismo sucede con el espíritu. Esta cosecha de amargura te impide sentirte merecedor. Empiezas a cultivar entonces una imagen sucia, de criatura desafortunada, desmerecedora y difamada, y eso es lo que envías al universo, lo que inhibirá cualquier posibilidad de atraer el amor y la bendición a tu vida.

Aquello que te permitirá desvincularte de tus heridas es el perdón. El perdón es lo más poderoso que puedes hacer por tu fisiología y por tu espiritualidad, a pesar de lo cual sigue siendo una de las cosas menos atractivas para nosotros, debido en buena medida a que nuestros egos nos gobiernan de un modo inequívoco. Perdonar se asocia de algún modo con decir que está bien, que aceptamos el hecho perverso. Pero eso no es perdón.

Perdón significa llenarse de amor e irradiar ese amor hacia el exterior, negándose a transmitir el veneno o el odio engendrado por los comportamientos que causaron las heridas. El perdón es un acto espiritual de amor por uno mismo, y envía a todo el mundo, incluido tú mismo, el mensaje de que eres un objeto de amor y que eso es lo que vas a impartir.

En eso consiste el verdadero proceso de desvinculación de las heridas, de no seguir aferrándose a ellas como preciadas posesiones. Significa renunciar al lenguaje de la culpa y la autocompasión, y a no seguir adelante con las heridas del pasado. Significa perdonar íntimamente sin esperar que nadie lo comprenda. Significa dejar atrás la actitud del ojo por ojo que sólo causa más dolor y la necesidad de más venganza, sustituyéndola por una actitud de amor y perdón. Esta forma de actuar es alabada en la literatura espiritual de todas las religiones.

Sentirse digno es esencial para poder atraer aquello que se desea. Es, simplemente, una cuestión de sentido común. Si no tienes la sensación de merecer algo, ¿por qué te lo va a enviar la energía divina que está en todas las cosas? Así pues, tienes que cambiar y saber que tú y la energía divina sois una sola cosa, y que es tu ego el que se confabula para impedirte utilizar este poder en tu propia vida.

A continuación se indican algunas de las grandes actitudes y comportamientos que puedes incorporar a tu conciencia para facilitar el crecimiento de tus sentimientos de merecimiento.

Un plan que te ayudara a ver que eres digno de recibir y atraer desde la fuente divina

Las siguientes sugerencias representan un plan paso a paso para intensificar tu receptividad al poder de la manifestación en tu vida. Si lo pones en práctica, no cabe la menor duda de que te sentirás digno de la bendición del espíritu divino que lo abarca todo.

- La palabra «inspiración» significa literalmente «estar infundido de espíritu», o en el espíritu, si se quiere.

- Practica hacer aquello que te guste, y procura que te guste lo que haces cada día. Si vas a hacer algo, concédete el beneficio de no quejarte y, en lugar de eso, muestra cariño por esa actividad. Tu lema aquí ha de ser: «Me gusta lo que hago, y hago lo que me gusta». Eso te sitúa «en el espíritu» y te proporciona literalmente el entusiasmo para ser un receptor digno de la gracia de Dios. La palabra entusiasmo procede de la raíz griega *entheos*, que significa, literalmente, «estar lleno de Dios».

- Haz todos los esfuerzos posibles por eliminar de tu vocabulario y de tu diálogo interior los hábitos internos de pesimismo, negatividad, juicio, quejas, murmuraciones, cinismo, resentimiento y crítica destructiva. Sustitúyelos con optimismo, amor, aceptación, amabilidad y paz como forma de procesar tu mundo y a las personas que hay en él.

- Al margen de lo mucho que te sientas tentado de retroceder hacia hábitos cínicos, recuerda que esa es la energía que estás enviando al mundo, y que con ello transmites un mensaje que bloquea la energía que te devolverá lo que deseas. Si estás lleno de negatividad, te encuentras desequilibrado y tus resentimientos indican que no te sientes digno o preparado para aceptar la energía amorosa que deseas.

- Procura encontrar cada día un momento de tranquilidad para erradicar los sentimientos de indignidad. Ese tiempo de oración o meditación, o de experimentar simplemente el silencio, alimentará tu alma y eliminará finalmente todas las dudas que puedas abrigar acerca de no merecer el ser beneficiario de la abundancia del universo.

- Lee literatura espiritual y poesía, y escucha música clásica suave siempre que te sea posible. He descubierto que el simple hecho de leer la poesía de Walt Whitman, de Rabindranath Tagore o de Rumi, hace que todo se sitúe en una perspectiva más sagrada para mí.

- Leer las grandes enseñanzas de los maestros es como realizar una tarea espiritual en casa. Entre ellas se incluyen el Nuevo Testamento, *Curso de milagros*, la Torah, el Corán y el Bhagavad Gita. Estas grandes obras son una forma de estar en el espíritu (inspirado) y de disolver las dudas sobre si mereces o no materializar en tu vida aquello que deseas.

- El siguiente y hermoso poema de *El profeta*, de Jalil Gibran, es un ejemplo de esta clase de literatura. Lo incluyo aquí para que lo estudies. Presta una particular atención a las palabras «Vuestros corazones conocen en silencio los secretos de los días y las noches», y «Pues el alma recorre todos los caminos». Estos son los pensamientos que he resaltado a lo largo de todo este libro, al tratar de animarte a conocer tu propia dignidad divina.

Sobre autoconocimiento
De *El profeta,* de Jalil Gibran (1923)

Y un hombre dijo: háblanos del autoconocimiento.
Y él contestó, diciendo:
Vuestros corazones conocen en silencio los secretos
 de los días y las noches.

Pero vuestros oídos ansían el sonido
 del conocimiento de vuestros corazones.
Conoceréis con palabras aquello
 que siempre habéis conocido
 en vuestro pensamiento.
Tocaréis con vuestros dedos
 el cuerpo desnudo de vuestros sueños.
Y está bien que lo hagáis.

La fuente oculta de vuestra alma
 tiene que brotar y correr
 murmurante hacia el mar;
 y el tesoro de vuestras profundidades infinitas
 será revelado ante vuestros ojos.
Pero que no haya balanzas donde pesar
 vuestro desconocido tesoro;
Y no busquéis las profundidades de vuestro conocimiento
 con el bastón o el sonido.
Pues el sí mismo es un mar ilimitado e inconmensurable.

No digáis «He encontrado la verdad», sino más bien,
«He encontrado una verdad».
No digáis «He encontrado el camino del alma».
Decid más bien «He encontrado el alma caminando
 por mi camino».
Pues el alma camina por todos los caminos.
El alma no sigue una línea,
 ni crece como un junco.
El alma se despliega a sí misma,
 como un loto de innumerables pétalos.

- Procura rodearse en la medida de lo posible de cosas bellas.

    Escribo estas palabras en la isla Marco, al sudoeste de Florida. Cada atardecer, dejo la máquina de escribir y salgo a la playa, para experimentar la magnificencia de la puesta del sol sobre el golfo de México. Cada vez que participo en este ritual diario, me siento lleno de respeto ante la enorme energía implicada en el movimiento de la tierra alrededor del sol. Respiro esa energía, y me siento agradecido por el hecho de formar parte de toda esta belleza.

Formar parte cada atardecer de esta puesta de sol me hace sentir que estoy en mi hogar, más allá de este planeta y me abre a la naturaleza más profunda que hay dentro de mí mismo. Jamás podría sentirme desmerecedor de la gracia y la munificencia del universo cuando me hallo inmerso en esta belleza. Lo mismo sucede al experimentar virtualmente cualquier belleza: tienes la tendencia a eliminar la duda acerca de la propia divinidad y de la conexión con la verdad última que hay en todo y en todos.

- Practica la amabilidad para contigo mismo y para con los demás, con toda la frecuencia que te sea posible.

Abandona tu necesidad de tener razón y de ganar; en vez de eso, sé amable, y pronto conocerás la bendición de la paz interior. Recuerda que tu yo superior sólo desea paz. Al practicar la amabilidad, la paz aparece inmediatamente. Al estar en paz contigo mismo y con tu mundo, sabes que eres un digno receptor de todo lo que se cruza en tu camino. Empiezas a confiar entonces en la energía que aporta la realización de tus deseos.

Si te encuentras en un estado de confusión y, en consecuencia, te preocupa ganar o perder, te hallas a merced de tu propio ego, al que le encanta la confusión. Toda esa confusión interna hace que te cuestiones a ti mismo y tu valía en comparación con otros. Y eso trae consigo la duda acerca de si eres o no digno de recibir y manifestar.

Ponte la meta de ser cada día amable con los demás, al menos una vez, y extiende ese mismo privilegio hacia ti mismo, tanto como te sea posible. Siempre tienes una alternativa acerca de cómo va a reaccionar tu espíritu. La alternativa de la culpabilidad, la preocupación, el temor o el juicio no es más que un pensamiento que se transfiere a tu fisiología. Cuando tu yo físico se ve desequilibrado por estas emociones, te sientes demasiado enfermo e infeliz como para pensar siquiera en participar en el acto de la cocreación de una vida bienaventurada. Te saboteas a ti mismo, y todo por la falta de voluntad para ser amable contigo mismo y con los demás.

- Empieza a considerar el universo como un lugar amistoso, antes que enemistoso. Sitúa en la categoría de «lecciones» todas las heridas de las fases anteriores de tu vida. Deja de verte condicionado por esas heridas y de convertirlas en un brazalete identificativo.

    Desvincúlate de la actitud de que este mundo es maligno, está lleno de gente mala, y empieza, hoy mismo, a buscar el bien en la gente con la que te encuentres. Recuerda que, por cada acto de maldad, hay millones de actos de amabilidad. Este universo funciona con la energía de la armonía y el equilibrio. Inspira para absorber esa energía y elimina de tu mente y tu corazón la idea de que eres una víctima. Toda vinculación con tus traumas crea una toxicidad celular en tu cuerpo y un envenenamiento espiritual de tu alma.

- Repítelo una y otra vez, hasta que quede bien grabado: «Soy lo que soy, y soy digno de la abundancia que hay en el universo, y de todo lo que hay en él, incluido yo mismo».

Te encuentras ahora en el camino de saber que eres merecedor de atraer y manifestar en tu mundo. Eres consciente de tu yo superior. Confías en ti mismo y en la sabiduría divina que te ha creado. Sabes que no estás separado de tu entorno, y que dentro de ti existe el poder para atraer.

El siguiente principio se refiere a la energía del amor y a lo importante que es conocerla y experimentarla en todo tu ser, antes de empezar a aplicar los tres últimos principios de la manifestación.

Mira Bai sabe que para encontrar al Uno Divino lo único indispensable es el amor.

Mira Bai

Sexto principio

Conéctate a la fuente divina con un amor incondicional

No hay, ni en la tierra ni en el cielo, mayor poder que del amor puro e incondicional. Este es el núcleo del sexto principio de la manifestación.

La naturaleza de la fuerza de Dios, esa inteligencia invisible que hay en todas las cosas, y que es el origen del mundo material y el centro del plano tanto espiritual como físico, podría definirse como amor puro e incondicional. Es aquello que hace que las cosas materiales ocupen su lugar y que impide que se colapsen en innumerables partículas. Esta fuerza de Dios es como un alma superior a la que siempre estamos conectados porque somos extensiones localizadas de ella.

Quizá te sientas infinitamente merecedor de atraer a tu vida la prosperidad material y espiritual, pero si no vives de acuerdo con el amor incondicional estarás interfiriendo en tu capacidad para manifestar en tu vida. Para estar divinamente alineado con esta energía infinita y universal, tienes que convertirte en amor incondicional.

Aunque parece fácil e incluso apropiado anunciar «Yo practico el amor incondicional», eso dista mucho de la realidad en el caso de la mayoría de los que estamos sobre este plano físico. El amor incondicional se nos escapa a la mayoría de nosotros, debido en buena medida a que tendemos a identificarlo con el afecto o sentimiento.

La energía del amor disuelve las limitaciones

Al decir que el amor emana del alma y de la divina conciencia de Dios, me refiero a algo que el yo inferior o el ego no pueden percibir. No hablo de tener «buenos sentimientos» hacia los demás, del amor romántico, de mostrar afecto y consideración por todo el mundo. Este amor incondicional sobre el que escribo aquí es una experiencia de la armonía de la vida. Es algo demasiado profundo para que podamos despertarlo con nuestros sentidos o nuestra mente.

La energía de amor incondicional es el poder que está detrás de la creación. Guía todas nuestras leyes naturales. Podemos imaginar este amor como una vibración que transmite las formas de pensamiento a una expresión material. En su naturaleza más elevada, el amor es la fuerza que reconocemos como la voluntad de Dios. Es la alquimia que asumimos para encontrarle sentido a la forma en que se materializan las cosas desde el mundo del espíritu.

Se trata de palabras muy importantes, y es esencial que las conozcas si quieres dejar de ser alguien que toma lo que la vida le presenta y participar en el acto de la creación junto con la energía universal del amor incondicional.

Te sugiero que te embarques en el experimento de practicar únicamente el amor incondicional durante varios días, quizá incluso durante una semana. Conviértelo en tu actividad principal, pero prométete a ti mismo que sólo permitirás que de tu conciencia emanen pensamientos amorosos incondicionales. Proclama tu compromiso de vivir el amor incondicional durante el período de tiempo que hayas decidido.

Durante ese período De tiempo niégate a abrigar pensamientos críticos o juicios. En los momentos de tranquilidad, piensa sólo en paz y amor. Piensa y actúa en todas tus relaciones exclusivamente de forma amorosa. Extiende los pensamientos y la energía amorosa cada vez que te encuentres con alguien o con algo. Conviértete en amor incondicional.

Esta práctica de convertirse en amor incondicional es un requisito indispensable para el proceso de la manifestación. Al verter amor en tu entorno inmediato y practicar la afabilidad en todos tus pensamientos, palabras y acciones, tu círculo inmediato de amigos empezará a responder de una forma completamente nueva. Además, este acto se hace muy rápidamente expansivo y puedes llegar a irradiar este amor hacia tu comunidad y a las personas sobre las que lees en los periódicos, incluidas aquellas que han sido clasificadas como terroristas, asesinos, artistas fraudulentos y similares.

De la palabra incondicional, destaca el «in». Te desvinculas de todo y lo amas todo. No amas el acto hostil, sino el espíritu que se halla bloqueado en aquellos que causan daño y no son amorosos. Si puedes vivir de este modo y rechazar todos los pensamientos y acciones que no sean de naturaleza incondicionalmente amorosa, experimentarás la esencia de tu espíritu y sabrás cómo superar las limitaciones en tu propia vida.

Se trata de una tarea que tus condicionamientos no estimulará fácilmente. Pero puedes perseverar durante unos pocos días para saber cómo es el espíritu divino universal. Ese espíritu no juzga nada ni a nadie, no moraliza, no demuestra favoritismo, sino que simplemente existe como amor incondicional que irradia armonía y permite que todo y todos se desplieguen. Cada día se abren millones de flores y luego se cierran con la única ayuda del amor incondicional que fluye en todo y que se encuentra en el núcleo de la energía universal, infinita y eterna. Con este ejercicio estarás cultivando este aspecto de ti mismo.

Al practicar el amor incondicional, contempla y medita sobre el amor incondicional sagrado que también es el núcleo de ti mismo. Imagina un átomo de amor incondicional que se encuentre en el centro mismo de tu propia existencia. Siente su presencia en tu corazón y percibe cómo se abre e irradia hacia fuera. Este sentimiento impersonal, que no depende de nadie ni de nada, ni tan siquiera de un sistema de creencias, se transformará pronto en la sensación de que estás conectado con la energía infinita del amor incondicional que es Dios.

Con esta transformación, entrarás en el camino de la manifestación. Te conectarás, desembarazándote de todo juicio, cólera, moralización, prédica, odio, rencor y todas las demás herramientas del ego.

¿Qué cabe esperar por el hecho de practicar durante unos pocos días un amor total e incondicional? Si dedicas todas tus meditaciones al amor y pones amor en cada situación concreta y en cada persona con la que te encuentres y, más aún, si extiendes ese amor hacia todas las personas que habitan el planeta y a la infinitud del universo, sentirás que te conviertes en una persona diferente. Dormirás más profundamente. Te sentirás en paz casi en todo momento. Tus relaciones serán más profundamente espirituales. Y, lo que es más importante, empezarás a reconocer las «coincidencias» de tu vida con mayor regularidad. Tu amor incondicional empezará a producir entonces lo que deseas, sin que te des siquiera cuenta. Tus sueños serán más intensos y la conciencia de lo que buscas se hará más clara.

Lo que sugiero es que puedes amar más e incondicionalmente, sin esperar nada a cambio; como resultado de ello, desaparecerán las limitaciones que experimentas. Inténtalo al menos. Hay un fragmento muy citado del Nuevo Testamento que parece apropiado citar aquí. Creo que es uno de los pasajes más profundos que se hayan escrito jamás. Pertenece a Corintios 13, sobre el «amor».

> Y aún os voy a mostrar un camino más excelente.
> Aunque hablara las lenguas de los hombres y de los ángeles, si no tengo amor soy como bronce que suena o címbalo que retiñe. Aunque tuviera el don de profecía, y conociera todos los misterios y toda la ciencia; aunque tuviera plenitud de fe para trasladar montañas, si no tengo amor, nada soy. Aunque repartiera todos mis bienes, y entregara mi cuerpo a las llamas, si no tengo amor, nada me aprovecha. El amor es paciente, es servicial; no es envidioso, no es jactancioso, no se engríe; es decoroso, no busca tu interés, no se irrita, no toma en cuenta el mal, no se alegra de la injusticia; se alegra con la verdad. Todo lo excusa. Todo lo cree. Todo lo espera. Todo lo soporta.

El amor nunca falla. Desaparecerán las profecías, cesarán las lenguas, desaparecerá la ciencia. Porque parcial es nuestra ciencia y parcial nuestra profecía. Cuando venga lo perfecto, desaparecerá lo parcial. Cuando yo era niño, hablaba como niño, pensaba como niño, razonaba como niño. Al hacerme hombre, dejé todas las cosas de niño. Ahora no vemos sino un pobre reflejo en un espejo. Luego veremos cara a cara. Ahora conozco de un modo parcial, pero entonces conoceré plenamente, del mismo modo que soy plenamente conocido. Ahora subsisten la fe, la esperanza y el amor, estas tres. Pero la mayor de todas ellas es el amor.

En efecto, la mayor de todas es el amor. Hará que desaparezca lo imperfecto y te permitirá alcanzar la plenitud espiritual de participar en la creación de tu vida, basándote en el modelo del amor incondicional.

Soy consciente de lo difícil que es que nos dejemos guiar en todo momento por el amor incondicional. Imagino que tu ego protestará, diciendo que esta idea es absurda porque eres humano, y los humanos tenemos deficiencias. A pesar de todo, te pido que realices este ejercicio durante unos pocos días o una semana. Sé que se convertirá en algo habitual en cuanto percibas la riqueza de vivir con esta nueva conciencia.

El amor incondicional es el misterio último que se esconde en la vida. Puede parecer sencillo, pero es tan poderoso que te liberará de la dominación de tu ego si le concedes aunque sólo sea un breve período de prueba en tu vida. Mientras no aprendamos a trascender el ego, seguiremos contribuyendo a la locura a la que asistimos en el mundo. Despegarse y convertirse en un observador incondicionalmente amoroso es la mejor forma de cultivar una relación sana y equilibrada entre el ego y el espíritu.

El proceso de la observación desvinculada

Uno de los grandes ejercicios de meditación que aprendí hace muchos años supone imaginar que uno se eleva fuera de su propio cuerpo y flota en el espacio hasta llegar tan lejos que puede observar todo el planeta. Si lo haces, trata de imaginar cómo es la tierra sin tu presencia en ella. Será una tarea difícil para tu ego. A continuación, empieza a observar el planeta sin emitir ningún juicio, negándote a calificar nada de bueno o malo, correcto o incorrecto. Proponte simplemente observar, permitir y enviar amor incondicional. Probablemente, te resultará más fácil enviar amor incondicional cuando no estés ahí para interferir. Es decir, puedes amar incondicionalmente cuando consigas apartar a tu ego del camino. Esta técnica te ayudará a proyectar amor incondicional.

Si todo tú te conviertes en amor incondicional, no participarás en las preocupaciones del ego. Al funcionar desde esta perspectiva, practicas la desvinculación en un estado de afabilidad, lo que te convierte en un testigo compasivo hacia todos y todo aquello con lo que entres en contacto. Es algo mágico poder irradiar esta clase de amor fuera de tu persona. En eso consiste la resolución de ese gran misterio que es cómo conectarse y conocer a Dios. Es decir, no de saber lo que es Dios, sino de conocer a Dios.

El proceso de convertirse en un observador desvinculado se produce en el silencio de la contemplación o la meditación. Busca tiempo para estar a solas, rodeado de serenidad y entra en este lugar interior de amor. Es en el silencio donde conocerás verdaderamente la energía divina del amor incondicional.

La mayoría de los occidentales tenemos grandes dificultades para soportar prolongados períodos de silencio. Se suelen llenar esos momentos con música, conversación, radio, televisión y cualquier otra cosa que se pueda utilizar para evitar el silencio. La nuestra es una cultura ruidosa.

Al intentar meditar y limitarme a observar el silencio, escucho aspiradoras, cortadoras de césped, podadoras, teléfonos portátiles, sierras y las numerosas máquinas que remueven la tierra y la arena, que abren zanjas, limpian, etcétera. Todas esas ruidosas máquinas tienen fuentes de potencia que contaminan el mundo con su ruido atroz. Se necesita práctica para aprender a trascender esos sonidos, abstraerse y dejar fuera toda esa contaminación sonora. El ruidoso mundo seguirá filtrándose hasta tus momentos de tranquilidad, a menos que puedas alejarte lo suficiente de él para entrar en contacto con la naturaleza y evitarlo.

Nuestra preocupación por el sonido satisface la necesidad del ego de escapar de la serenidad y el amor incondicional de la inteligencia divina que es Dios. Pero puedes convertirte en un observador desvinculado si decides limitarte a olvidar tu ego y dejar que tu yo superior se haga cargo de todo. Conviértete en un observador incondicionalmente amoroso, no te limites a ser alguien que se deja guiar siempre por su ego.

Despréndete de tu inclinación a juzgar y moralizar, y tómate personalmente todo aquello que observes. Conviértete, simplemente, en alguien que observa. Te encontrarás entonces alineado con Dios, permitiendo que todo se solace en tu bienaventurado amor, en lugar de permitir que el ego insista frenéticamente en que existe una forma superior. Ser piadoso significa expresar el amor que hay en uno mismo. Es mucho más que estar simplemente cerca de él. Tienes que formar una unidad con el ser universal de Dios.

Qué significa estar en la unicidad

Lo que hemos dado en llamar «la voluntad de Dios» no es más que una invención del hombre para conseguir control sobre los demás. Si estás convencido de que existe una voluntad de Dios separada de la tuya, te verás controlado y dominado por quienes afirman conocer la voluntad de Dios. Si adoptas este sistema de creencias caerás en la trampa de «tu voluntad contra mi voluntad». Querrás hacer ciertas cosas, pero «la voluntad de Dios» te dictará otras.

Expresar amor incondicional y participar en la creación de la propia vida sólo es posible cuando se sabe que Dios no está separado de ti. Tú y Dios sois uno. En el Nuevo Testamento, Jesús les dice a las multitudes: «Yo he dicho: dioses sois», y más tarde: «El que cree en mí, no cree en mí, sino en aquel que me ha enviado; y el que me ve a mí, ve a aquel que me ha enviado» (Juan, 10, 34; 12, 44).

Estar en un estado de unicidad significa saber que el amor incondicional que tiene Dios por toda la creación es también el amor incondicional que puede haber en ti si así lo decides. Tu libre albedrío es la libertad para abrazar cualquier pensamiento que desees. Ese libre albedrío es el don que te ha dado Dios. Utilízalo con un espíritu de amor sobre el que no se imponga ninguna condición.

El amor que tiene Dios por ti es incondicional. En ese amor que te concede el creador divino no hay restricción o censura alguna. Dispones de la más completa libertad para hacer lo que quieras, pues tu voluntad y la voluntad de Dios son una misma cosa. Tienes libertad para elegir tus pensamientos dentro de este gran esquema de amor incondicional.

Si tú y el amor de Dios por ti sois una misma cosa, formas parte de una unidad incondicional. Si impones restricciones a ese amor, o si lo basas en tus juicios y aversiones, lo conviertes en un amor condicionado y te alejas de la posibilidad de participar en el acto de la creación con Dios. Entras entonces en conflicto con la esencia divina que es Dios, debido a la imposición de condiciones sobre tu capacidad para amar.

Supongamos que Dios decidiera retirar su amor incondicional, tanto por ti como por el mundo e impusiera en vez de eso ciertas condiciones. En esa clase de mundo, la gente tendría que funcionar sin la libertad de pensamiento y de expresión. Todo el cosmos se colapsaría en un instante.

La vida fluye con la libertad del amor incondicional. Esa es la esencia misma de la vida. Ninguna divinidad exige que uno piense de una determinada manera si no quiere verse maldecido o destruido. En nuestro mundo, tenemos libertad incondicional para que nuestros pensamientos sean lo que queramos que sean. Esa es la manera que tiene Dios de expresar su amor por ti, es el don que te ha concedido el creador, expresado a través de tu individualidad. Elimina esa libertad y dejarás de ser humano. Se pierde la propia humanidad cuando se pierde el amor incondicional que nos permite pensar lo que queramos.

Supongamos que puedes funcionar de la misma forma incondicionalmente amorosa, mediante el simple procedimiento de no emitir juicios. ¿Qué ocurre si no tienes odio y sólo extiendes hacia los demás la libertad para elegir? Experimentarás lo que se denomina «unicidad». Tu voluntad y la voluntad de Dios no entrarán en conflicto.

Los conflictos que experimentas proceden del ego. Tu ego es la idea que tienes de ti mismo como separado de Dios y de todas las creaciones de Dios. El ego necesita que le recuerden su superioridad sobre los demás. Así es como se crea el conflicto. Pero no tienes por qué participar en esta estupidez. Tu yo superior sólo desea paz y es amor incondicional.

Utiliza este amor para el propósito de la cocreación. Cada momento que creas al irradiar pensamientos incondicionalmente amorosos es un reflejo del mismo amor que fue el responsable de tu creación. Crear (o manifestar) es el acto de extraer amor incondicional desde dentro de uno mismo, para darle una forma que llamamos el mundo de lo concreto. En este sentido, pues, el amor incondicional puede concebirse como el poder para participar en el acto de la cocreación.

El amor incondicional como poder

De aquellos que parecen poseer el don de atraer a sus vidas toda clase de cosas buenas, se dice que tienen un poder un tanto misterioso. La habilidad para alcanzar un estado superior del ser, donde no parece existir casi ninguna dilación entre la creación de una forma de pensamiento y la «materialización» de esta, puede verse en términos de amor incondicional y de una ausencia de exigencia o juicio sobre el mundo.

Sé que ese es un poder que está al alcance de todos nosotros cuando empezamos a adoptar los principios básicos de la manifestación espiritual. Lo que sucede es que normalmente no reconocemos la magnitud de ese poder que tenemos en virtud de nuestra capacidad para crear pensamientos y atraer, a partir de ellos, la abundancia del universo. Al pensar racionalmente en él, pensamos inmediatamente en el conflicto entre tener libre albedrío y tener un destino, un conflicto que, a menudo, soslaya la necesidad de pensar y vivir en base al amor incondicional. Nuestro cerebro izquierdo racional nos dice: «Si ya está determinado, no tengo libre albedrío y, por tanto, cualquier cosa que piense ha sido predeterminada, de modo que estoy condenado».

Echemos un rápido vistazo a la cuestión del destino, puesto que se halla incluida en el título del libro, y situémosla en un contexto diferente. El destino no está predeterminado. Tu destino lo determinas tú enteramente. Cada momento de tu ahora existencial es el resultado de tu pensamiento previo. La idea de que todo ha sido ya dispuesto con antelación es una alucinación. Cada uno puede hacer y manifestar su propio destino.

Tu libre albedrío es el don del amor incondicional. Creas tu propio destino con ese libre albedrío, y cuando te aventuras fuera del camino del amor incondicional, vives simplemente en una ilusión. La idea de que estás separado de la voluntad de Dios te sitúa en una postura servil, de tal modo que Dios se convierte en algo contra lo que tienes que luchar o que debes temer. Evidentemente, si eso fuera cierto, Dios no podría ser al mismo tiempo todo amor.

Una vez que ha arraigado esa ilusión, te conviertes en una víctima de la vida, en lugar de participar activamente en su creación. Pierdes entonces tu capacidad para extender el amor incondicional que es la esencia de tu ser y, en lugar de eso, proyectas tu ego condicionado. En otras palabras, abandonas tu capacidad para estar en unión con la fuerza de Dios que te ha creado, y también pierdes el poder para manifestar o cocrear la vida que deseas. La vida está en conflicto con tu poder superior.

Empiezas a temer este poder superior y a actuar de forma servil. Te desencanta tu incapacidad para atraer cosas positivas y te sientes débil e impotente. Has perdido la alegría y el éxtasis que acompañan a una vida de amor incondicional.

Conocer la alegría del amor incondicional

Lo más importante es que al cultivar el amor incondicional te liberarás del odio y la violencia. Y sin esos pensamientos te será fácil descubrir en ti la presencia de la alegría y de la paz. Esta es una reacción automática al amor incondicional, porque estás en armonía con la fuente creativa.

Uno de los conceptos que seguramente tendrás que rectificar en tu camino hacia el amor incondicional es la equivocada creencia de que la alegría corresponde al ego, y el sufrimiento al espíritu. La verdad se encuentra precisamente en invertir esta suposición y alcanzar la fuente de la alegría espiritual. Dicho de una forma sencilla: desde el punto de vista del ego, experimentar alegría supone siempre conseguir lo que deseamos, mientras que la espiritualidad se asocia con la meditación, la generosidad y los buenos sentimientos por los demás. El camino que debes seguir para encontrar la verdadera alegría y bendición en tu vida consiste en afirmar el espíritu y en subordinar el ego.

Decirse a uno mismo que el ego es una ilusión proporciona una poderosa herramienta para la manifestación. El ego te identifica como un cuerpo fundamentalmente físico, separado de Dios, necesitado de constantes caricias que alimenten su egoísmo. Al decir simplemente que eso es una ilusión y que no existe en realidad, esas ideas se ven sustituidas por el amor incondicional; la alegría que experimentas entonces supone la negación de lo falso y la afirmación de la verdad de tu ser.

Eres absolutamente libre cuando no te consume tu engreimiento. Eres libre cuando ya no necesitas que todo aquel con el que te encuentres te halague, te mime y te dé su aprobación. Eres libre cuando ya no te sientes ofendido por las acciones de los demás. La libertad te permite extender tu mundo interior hacia el mundo exterior, y eso es amor.

Se experimenta una gran felicidad al sentirse libre. Piensa en aquellos momentos de tu vida en que te hayas sentido más libre, en aquellas ocasiones en que no te hayas sentido presionado, en que hayas podido caminar tranquilamente por la naturaleza, o en las que nadie te haya acosado con determinados plazos, ocasiones en las que te hayas encontrado solo y en comunión con Dios. Si has establecido la conexión con tu vida interior, esos serán sin duda los momentos más gozosos. Cuando uno experimenta esta especie de gozosa libertad, se siente inspirado y, naturalmente, eso significa que está «en espíritu».

En mi vida, los momentos de mayor creatividad se producen cuando me permito ser libre. Esta libertad produce una gran alegría dentro de mí, que se manifiesta en forma de nuevas ideas para expandir mi trabajo y ser más resuelto, para ser mejor escritor, profesor, padre y esposo, para compartir este amor que siento con todos aquellos que se molesten en conocerlo.

La alegría, la libertad y el amor incondicional son inseparables; fluyen cada uno a partir de la experiencia del otro. Sentir gozo supone no aferrarse a nada y no tener restricciones. Ese es también el sentimiento que produce la libertad, y es el resultado de abrazar el amor incondicional de la energía divina que está en el centro de tu ser.

La auténtica alegría no es, simplemente, el placer del momento. Esos placeres del ego son fugaces y transitorios. Siempre se necesita más para satisfacerlos, como en el caso de la droga, y esa satisfacción es en buena medida una ilusión. No pretendo decir con eso que todos los placeres del cuerpo sean perniciosos, sino simplemente temporales.

Esto no quiere decir que no podamos disfrutar de un masaje, de una deliciosa comida, de un acto de amor físico y de todos los placeres del cuerpo. Pero deberíamos saber que la verdadera alegría no está en el placer físico. Está en la mente, que procesa continuamente la información que recibe y te permite experimentar el placer; el cuerpo es simplemente neutral, como lo son todas las cosas. Es la mente la que lo hace real, y no a la inversa.

El cuerpo no nos hace ser más reales, del mismo modo que no puede curar la mente. El cuerpo, en y por sí mismo, no nos proporciona felicidad. Es en la mente donde se origina la curación del cuerpo, y es también en la mente donde se origina la felicidad. Tu propósito consiste en alinear tu mente con el amor incondicional que es la fuente divina de todas las cosas materiales, incluido tu propio cuerpo. Junto con ese amor, aparecerán en tu vida la felicidad y el poder.

Cuando una gota de agua se separa del océano se convierte en una pequeña partícula impotente, débil e incapaz de mantenerse por sí misma. Pero cuando se alinea con la fuente de la que se origina, el propio océano, es mucho más poderosa de lo que jamás podría ser una gota individual. Lo mismo sucede contigo. Por ti mismo, separado de tu fuente divina, eres un ego encerrado en una piel, que vive la ilusión de ser importante y poderoso. Pero realineado, puedes conocer la alegría que procede de esta asociación. Y aquello con lo que te alineas es amor puro e incondicional, y la aceptación de todo lo que es. Abandona tu temor.

El amor incondicional como una ausencia de temor

Todos los temores proceden de la idea de que estamos solos y nos hallamos separados de la única fuente divina, a la que damos muchos nombres, incluido el de Dios o Espíritu Santo. Al adoptar una postura de amor incondicional, abandonas automáticamente todo temor. En ausencia de temor y en presencia del amor incondicional, encontrarás la solución al misterio de la manifestación. Una vez que sabes verdaderamente que no estás separado o solo, el temor se ve sustituido por el amor incondicional y obtienes así acceso al Espíritu Santo.

Los temores se originan en el ego, que envía mensajes constantes diciéndote que eres un ser incompleto y que necesitas más, que tienes que ganar para ser mejor en comparación con los demás. Con tu presión incesante, el ego te mantiene en un estado constante de turbación y angustia. Aquí es donde nacen y se alimentan todos los temores, dentro de ti mismo.

Para aceptar el amor incondicional como una premisa

para tu vida, tendrás que convencer a tu ego que no hay necesidad de demostrar nada, y que lo único que deseas y esperas ya está ahí. El ego, además, necesita que se le enseñe que estás conectado con una fuente creativa que es mucho más poderosa que él mismo.

Puedes liberarte entonces de su continua necesidad de destacar, vayas adonde vayas, y puedes enviar hacia el exterior la energía del amor incondicional con tus pensamientos, confiando en que todo está en orden. No hay demandas, ni presiones, sino sólo un sencillo conocimiento, acompañado por una actitud incondicionalmente amorosa. Con esta clase de declaración, el temor queda eliminado de tu vida y se ve sustituido por el amor. Recuerda la cita bíblica: «El amor perfecto repudia todo temor».

El temor y el amor son incapaces de residir simultáneamente dentro de una misma persona. Si tienes miedo, has arrojado el amor lejos de ti. Si experimentas un amor perfecto, algo que está al alcance de tu libre albedrío, has arrojado fuera de ti todo temor.

El principio de amor incondicional es un requisito previo para la manifestación de tu propio destino, y es algo muy difícil de poner en práctica de modo permanente. Sin embargo, puedes iniciar este proceso trabajando en él paso a paso, empezando ahora mismo. A continuación se indican algunas sugerencias para vivir e irradiar amor incondicional.

Algunas formas de poner en práctica el amor incondicional

- Ten muy en cuenta, sobre todo, que el amor transforma. Cada acto de amor libera energía bloqueada en tu cuerpo. El amor incondicional cura el cuerpo y la mente. Recuérdate esta verdad hasta que se convierta en tu propia realidad. El amor es una frecuencia con la que puedes sintonizarte, del mismo modo que sintonizas una frecuencia en la radio.

- El polo opuesto del amor es el temor. El temor es una corriente de energía que recorre literalmente tu cuerpo y que se produce cuando te sientes desgajado de la fuente de amor incondicional. Cada vez que experimentes temor, pregúntate: «¿Qué está ocurriendo para que haya sustituido en este momento el amor por el temor?». Esta especie de monólogo contigo mismo te permitirá ser consciente de que vuelves a sentir miedo porque has perdido tu alineación con el amor.

  En esos momentos de clarividencia, has de expulsar de tu cuerpo la energía del temor, abrazando el amor incondicional. Cuando sientes miedo, no te quepa la menor duda, la angustia por fracasar, por no recibir aprobación, por tu aspecto, tus titulaciones, o lo que sea, se deben a la ausencia de amor incondicional. Cuando experimentes temor, busca su fuente y verás cómo se disipa casi instantáneamente.

- Recuerda que el amor se manifiesta en tus pensamientos y en tus actos de unicidad. Cuanto más unido te sientas a la fuente divina, tanto más actuarás de formas amorosas con respecto a los demás.

- Adquiere el hábito íntimo y regular de meditar. Cada vez que inspires, siente cómo absorbes amor incondicional. Cada vez que espires, expulsa los pensamientos de temor. Este ejercicio individual puede ser la tabla de salvación que te conduzca al amor incondicional y al mundo de la manifestación.

  Cuando salgas a dar un paseo, utiliza tu respiración para absorber la esencia del amor y sentirla fluir por todo tu cuerpo. Utiliza la respiración como un medio de inhalar amor de la fuente divina, y de exhalar temor al expulsar el aire. Te sentirás relajado y experimentarás más alegría y libertad.

- Elige un día para practicar este ejercicio con alguna otra persona. Poneros el objetivo de pensar, actuar e irradiar nada más que amor incondicional durante veinticuatro horas, incluidos los sueños. Para vosotros, cada momento de ese día sólo estará infundido de amor.

Esto significa que en cuanto aparezca un pensamiento moralizante o alguna clase de juicio, lo expulsarás inmediatamente de tu interior y lo sustituirás por otro de amor incondicional. Si esto funciona, intenta ver si puedes alargarlo uno o dos días más. Cuanto más dure el ejercicio, tanto más espectaculares serán los cambios.

Empezarás a observar entonces que surgen acontecimientos sincrónicos, y tendrás la sensación de que Dios se ocupa especialmente de ti. Observarás un aumento de energía, un cambio interesante en tus sueños, que se hacen más intensos y espirituales; te verás a ti mismo atrayendo cosas que antes parecían fuera de tu alcance; experimentarás con toda seguridad una mayor alegría, bienaventuranza y también una mayor riqueza en tu relación con los demás.

- Toma la decisión de presentarle a Dios tus mayores desafíos en el ámbito del amor incondicional. Dirígelos simplemente hacia Dios, acompañándolos con una petición como: «No he podido aportar amor en mi vida en estos ámbitos, y solicito la guía divina para lograrlo. Sigo albergando rencor y odio hacia estas personas, y os pido que me mostréis el camino hacia el amor incondicional».

Al reconocer que te sientes impotente, admites que tus condicionamientos y las experiencias de tu vida no te han proporcionado las herramientas para irradiar amor en esos ámbitos. Pero también reconoces que existe una energía superior, y le pides a esa fuerza superior que te guíe. Al hacer esto, demuestras que confías en la fuerza de Dios, y admites que no puedes superar tu ego.

- En los momentos de oración no tengas miedo de solicitar ayuda. Si quieres eliminar el temor y el odio y vivir con un espíritu de paz, se te proporcionará ayuda. No impongas ninguna clase de condición respecto al modo en que quieres recibir esa ayuda. Limítate a solicitarla con honestidad y, cuando aparezca, da las gracias.

- Reconoce la relación entre manifestar el deseo de tu corazón y el amor incondicional. El amor incondicional es la energía del universo, es lo que Dios es y, en consecuencia, también lo que eres tú. Sin este amor, pierdes la conexión con los procesos creativos.

    No puedes atraer hacia ti aquello con lo que ya estás conectado si has saboteado la conexión. La presencia del amor incondicional está en todas las cosas que deseas atraer, así como en ti mismo. Manténla honestamente y conservarás la capacidad para «saber que eres un dios». Piérdela y habrás perdido tu divinidad. Así de simple.

    Recuerda todo esto cuando te preguntes por qué no se materializan tus deseos en tu vida. Invariablemente, la respuesta tendrá que ver con la ausencia de amor incondicional en algún lugar de tu mundo interior.

- No necesitas engañarte a ti mismo con el amor incondicional. Si no amas la personalidad de otra persona, sé honesto, puedes seguir amando la esencia, la verdad de todo aquel que vive en este planeta y más allá. Observa cómo se desdobla cada cual, incluso cuando su comportamiento entre en conflicto con lo que tu sabes que es divino y santo. Ten la seguridad de que están dominados por sus egos, que han expulsado de sus comportamientos todo rastro de su esencia divina. A pesar de eso, debes enviar amor a la esencia que se encuentra tras sus acciones.

    Cuanta mayor capacidad tengas para ver más allá de

la personalidad y del comportamiento individual, tanta más luz aportarás al planeta. Tu mundo se va a ver transformado a través de un cambio en la conciencia, y en esa nueva conciencia el amor va a triunfar sobre las pasiones del ego. Envía amor aunque te desagrade lo que ves y es posible que cambie incluso delante de tus propios ojos.

- ¡Haz que tu palabra sea ley! Mantén la armonía dentro de ti mismo y experimentarás amor prácticamente en todas las situaciones. Cumple lo que digas con amor. Eso te proporcionará un equilibrio que brilla por su ausencia en aquellos que viven sumidos en los sentimientos de culpa y autorreproche. Cuanto más practiques «Mi palabra es ley. Tengo que mantenerla», tanto más equilibrada será tu vida.

  El universo funciona sobre un equilibrio y la energía que lo mantiene equilibrado es el amor. Al declararte a ti mismo como una persona que mantiene su palabra, te alineas con la esencia amorosa del mundo.

  He sido testigo del amor incondicional en acción, en la historia de Kaye O'Bara, que ha cuidado de su hija comatosa durante veintisiete años. Conté esta historia, junto con mi esposa Marcelene, en un breve libro inspirador titulado *Una promesa es una promesa*, y te animo a familiarizarte con esta saga verdaderamente asombrosa de amor incondicional en acción. Sentirás la inspiración al leer esta notable historia, y sabrás que estás ayudándolas también, puesto que todos los derechos de autor de este libro les son entregados a estas dos almas divinas.

Concluye aquí el sexto principio de la manifestación. El amor incondicional es un elemento fundamental de tu proceso de formación de imágenes mentales. No permitas que ningún pensamiento negativo, impulsado por el ego, penetre en el reino interior del amor.

Si pones en práctica este principio abrirás tus ojos a una verdad que escapa a la mayoría de la gente. Es el amor incondicional lo que permite que entremos realmente en contacto con la energía divina que está en todas las cosas. En tu mano está seguir este camino. Se te ha dado la posibilidad de expresar tu libre albedrío. Ese es el don que te ha concedido Dios.

Al expresar amor, te alineas con el mismo amor que se te ha garantizado con el don de tu libre albedrío. Al expresar odio, cólera, envidia y violencia, te alías con tu ego, y te niegas la maravillosa posibilidad de participar en la creación de tu vida junto con la fuente divina de energía a la que llamamos Dios.

Séptimo principio

Medita al sonido de la creación

Este séptimo principio de la manifestación cambiará tu condicionamiento más que ninguno de los otros ocho. No obstante, aunque contradice tus creencias acerca de cómo encajas en el universo, también expande tu capacidad para crear y atraer los objetos del deseo de tu corazón. Este principio supone una aplicación práctica de la manifestación, al tiempo que te invita a abrirte a una nueva idea y a una práctica muy diferente cada día.

Te puedo asegurar que hay mucho que aprender y ganar con esta práctica de la sana meditación. Yo mismo la he utilizado con resultados maravillosos. Otros que han practicado la meditación de una manera regular han experimentado cambios espectaculares en sus vidas y han podido manifestar lo que previamente creyeron imposible.

Al empezar a abrirte a esta práctica nutricia del alma, que canta los sonidos de la creación, dedica algún tiempo a volver a leer atentamente los otros ocho principios. Una vez que inicie la práctica de estas dos meditaciones diarias de la manifestación, necesitarás confiar en tu yo superior y meditar con un amor incondicional. Revisar los otros ocho principios te ayudará a encontrar la confianza y el amor que necesitas.

He estudiado atentamente una gran cantidad de literatura espiritual antes de escribir este séptimo principio. Utilizar los sonidos para cambiar las vibraciones de nuestra frecuencia es una práctica espiritual que ha permanecido en la sombra durante siglos. Muchos de los antiguos maestros ocultaban los secretos de la manifestación por temor a que fueran mal utilizados. En esta época de revolución espiritual, la receptividad individual y colectiva ha permitido la reaparición de estas prácticas espirituales y nos ha revelado su gran valor. Utilizar el sonido para nuestras meditaciones puede transformar espectacularmente nuestras vidas y permitir que seamos conscientes de nuestra capacidad colectiva de manifestar un mundo libre de las exigencias y la mezquindad del ego.

Me siento bendecido por tener un maestro espiritual, Shri Guruji, que ha puesto a mi disposición estas meditaciones para que las enseñe a otros que se muestren abiertos a estas ideas. He escrito sobre ellas a medida que las he ido conociendo, y presento este séptimo principio sabiendo que estarán en conflicto con las experiencias condicionadas vividas por muchos de mis lectores. No obstante, sé que son válidas y te animo a abrir tu mente a tu capacidad singular de manifestar lo que deseas en tu vida y, más particularmente, para conseguir que la espiral ascendente y evolutiva del planeta se libere de las garras del ego, que exalta la separación de la fuerza misma de la creación.

Este séptimo principio se refiere a la utilización del sonido como herramienta para abrirnos al potencial y al poder de nuestra fuerza creativa. Los sonidos tienen la capacidad de generar la habilidad para atraer aquello que deseamos. Las palabras clave para definir este principio las encontrarás en el título del siguiente apartado.

Los sonidos tienen poder

Los sonidos son una energía poderosa. Cada sonido es una vibración hecha de ondas oscilantes en una frecuencia concreta. La gama de frecuencias que puede captar el oído humano es aproximadamente de entre dieciséis mil y cuarenta mil vibraciones por segundo. En un nivel superior de la escala, con vibraciones cada vez más rápidas, está la electricidad, a aproximadamente cien millones de vibraciones por segundo. A dos mil millones de vibraciones por segundo encontramos el calor. La luz y el color se encuentran a quinientos mil millones de vibraciones por segundo, y un rayo X se manifiesta a dos billones de vibraciones por segundo. Existe la teoría de que los pensamientos y las desconocidas dimensiones etérea y espiritual se encuentran en el ámbito de las vibraciones muy intensas, más allá de todo lo que se pueda calcular en estos momentos. Las frecuencias vibratorias son, claramente, la naturaleza misma de nuestro universo material.

El sonido, tal como lo escuchamos, ocupa un lugar muy bajo de la escala, justo por encima de las formas o los sólidos en cuanto a su velocidad de frecuencia. El sonido es el intermediario entre la idea abstracta y la forma concreta del mundo material. Los sonidos moldean literalmente el mundo abstracto del pensamiento y del espíritu en formas. «Hágase la luz, y la luz se hizo», es la descripción bíblica de la creación. O, en otras palabras: «Que las vibraciones de luz emanen de mi orden».

En los antiguos ritos ceremoniales, las palabras, los sonidos y las formas se combinaban para alcanzar ciertos fines. La forma de cada una de las letras de una palabra indicaba un sonido. Y cada sonido se utilizaba con un propósito determinado.

Los sonidos influyen sobre nosotros de mil diferentes maneras. Un eidófono es un instrumento formado por la superficie tensada de un tambor, sobre la que se extiende una sustancia pastosa. Los sonidos y las palabras se pronuncian luego por debajo de la superficie, y producen diferentes figuras y formas en la pasta. Algunas de estas son réplicas de animales, flores y otras creaciones de la naturaleza. Al utilizarse arena, en lugar de pasta, la arena forma figuras y diseños geométricos que se corresponden con las letras del alfabeto. Si los sonidos son estridentes y desagradables, producen formas desagradables. Los experimentos de esta naturaleza ilustran el impacto que pueden tener los sonidos sobre nosotros.

Los sonidos discordantes y hostigantes de las máquinas, como los golpes sordos, los chirridos y sonidos ásperos que bombardean nuestra conciencia, hacen difícil que podamos sentirnos serenos y en paz. Los sonidos discordantes pueden provocar enfermedad interna. Pero el sonido tiene propiedades curativas cuando es armonioso y suave. La curación se produce con el acompañamiento de armonías suaves y de la música de la naturaleza entreverada en el silencio espiritualmente nutritivo.

Además de curar, el sonido se utiliza en el proceso de creación, que es lo que nos interesa para este séptimo principio de la manifestación espiritual. Al utilizar los sonidos de la naturaleza que están en mayor consonancia con el acto de la creación, empezamos a atraer la forma material que deseamos de esas frecuencias mucho más altas y que nuestros sentidos no pueden procesar.

Ten en cuenta que el sonido es la frecuencia vibratoria que hay entre el mundo de la materia sólida o de la forma, tal como la conocemos, y las frecuencias vibratorias superiores del mundo sin forma del espíritu universal. Aprender a utilizar el sonido es un modo de utilizar tu poder para manifestar el pensamiento en el mundo de la forma. Manifestar es saber cómo establecer contacto con esa frecuencia vibratoria espiritual, mientras vivimos dentro de un cuerpo, en un mundo materializado.

El sonido es la única frecuencia vibratoria que podemos utilizar y cambiar con nuestros sentidos. Todas las demás frecuencias se hallan más allá de nuestra capacidad de aprovechamiento y no podemos utilizarlas para cambiar nuestra frecuencia vibratoria. Presta atención a las palabras y sonidos porque pueden atraer influencias positivas o negativas a tu vida. Los sonidos armoniosos son los que más contribuyen a una vida equilibrada y creativa.

Pero antes de abordar el uso de los sonidos acerca de la meditación, es necesario que aprendas a prepararte para utilizar esos sonidos en tus meditaciones diarias. La manifestación no se hace con la mente. Debes acceder a un método que te lleve más allá de la mente, a un estado de conciencia que trascienda tus pensamientos. Este estado superior de la conciencia, situado más allá de la mente, se llama *siddhi*.

Comprender la conciencia *siddhi*

La conciencia *siddhi* es un estado perfecto de conciencia en el que hay una completa ausencia de duda y no se produce ninguna dilación entre el origen de un pensamiento y su materialización en el mundo de la forma. Es un estado ilimitado del ser en el que la creación ocurre instantáneamente, sin que haya un lapso temporal entre el pensamiento y la forma. Al contemplar este estado de gracia, nuestras mentes empiezan a cuestionar inmediatamente esta idea y nos proporcionan las numerosas razones que hacen que sea imposible. La conciencia *siddhi*, sin embargo, no tiene absolutamente nada que ver con la mente. Procura tenerlo bien claro. La conciencia *siddhi* está más allá de la mente. Este estado de gracia no tiene nada que ver con la mente, cuya naturaleza es un constante monólogo interior. La mente está obsesionada por un ilimitado número de deseos que nunca pueden quedar adecuadamente satisfechos. Puedes proporcionar grandes placeres a tu cuerpo con alcohol y sexo, darle fantásticos automóviles y deliciosas comidas de gourmet, masajearlo y proporcionarle toda clase de otras delicias imaginables. A la mañana siguiente, una vez que se haya recuperado, tu mente tendrá preparada una nueva lista de exigencias impresas en tu frente, pidiendo más y más cosas de las que nunca tiene bastante. Esta es la naturaleza de la mente, que está gobernada por el ego.

Tu mente, pues, sólo es una barrera para experimentar la conciencia *siddhi*, en la que estás en un estado de bendición y completa aceptación y en la que tus deseos y tu experiencia de la vida son una misma cosa. Tu mente impide que veas este estado superior de tu conciencia. En lo más profundo de ti mismo está la conciencia de que existe un estado de perfección, en el que tu capacidad para atraer lo que deseas es más inmediata y menos aleatoria que cuando es la mente la que está a cargo de la situación. Con la conciencia *siddhi* estás en paz y tu sabiduría interior empieza a sustituir a tus pensamientos.

Utilizar el sonido al nivel de la conciencia *siddhi* es como emplear un lenguaje diferente. Tu yo superior tiene su propio lenguaje. Cuando nuestro cuerpo está en la más completa quietud y totalmente en el presente, el pensamiento desaparece. Entonces puedes iniciar el exquisito proceso de meditar con el sonido. Es esta magia de la meditación con el sonido la que voy a explicar en el séptimo principio. Es una técnica que te llevará más allá de las limitaciones del ego y de la mente, hasta un lugar dentro de ti mismo desde el que podrás cambiar tu frecuencia vibratoria a través del uso de los sonidos de la creación.

El acto de la creación es en sí mismo un sonido. Cuando lo comprendas y lo utilices, el sonido intensificará tu percepción de la conciencia *siddhi* que hay dentro de ti.

La magia de los sonidos de la creación

Al empezar a incorporar en tu conciencia estas ideas sobre el poder del sonido, que va más allá de la oscuridad de tu mente y conecta con la luz de tu yo superior, piensa en las siguientes palabras con las que se inicia el evangelio de Juan, en el Nuevo Testamento: «En el principio existía la Palabra y la Palabra estaba con Dios, y la Palabra era Dios».

La palabra «Dios» tiene el mismo sonido que se encuentra prácticamente en todos los nombres del creador original. En la historia de la humanidad, incluidas las culturas primitivas, las religiones orientales y occidentales y otras tradiciones, se describe siempre a un creador de la palabra y de la humanidad. He aquí una lista de nombres utilizados para designar al creador. ¿Puedes identificar el sonido que coincide en todos estos nombres?

Ra	Tat
Krishna	Sugmad
Rama	Gaiana
Buda	Mahanta
Waaken Tanka	Mahavira
Ahdonay	Anu
Brahma	Khoda
Siddha	Akua
Ahura Mazda	Atva
Shiva	Nanak
Jehová	Osenbula
Maheo	Yahvé
Kami Sama	Dios
Nagual	Ato
Kali Durga	Alá

El sonido que aparece claramente en todos estos nombres utilizados para designar al creador es el de *aaah*. Este es el sonido de la creación y también el de la alegría. *Aaah* expresa un sentimiento de bienaventuranza y alegría. Los sonidos de la creación y de la alegría son sinónimos.

No es ninguna casualidad que el nombre para designar al creador en todas las lenguas contenga el sonido *aaah*, ya que es el único que los seres humanos producimos sin el menor esfuerzo simplemente al espirar y sin necesidad de mover los labios, la lengua, la mandíbula o los dientes, dejando que el sonido *aaah* fluya hacia el exterior. Si movieras cualquiera de esas partes de tu cuerpo, el sonido cambiaría. *Aaah* es el sonido de la perfección, no hay esfuerzo, como en la creación misma, perfecta y sin esfuerzo.

Este sonido de *aaah*, el sonido de la creación, es el que deberás utilizar al practicar el lenguaje de la conciencia *siddhi*. El sonido te lleva más allá del incesante diálogo que tienes contigo mismo en tu mente. Al repetir el sonido de *aaah* durante tu práctica meditativa de la manifestación, estás repitiendo literalmente el nombre de Dios.

En *Reflejo del sí mismo*, Swami Muktananda ofrece estas palabras a los devotos que desean conocer más sobre el estado de la conciencia *siddhi*.

Con ojos relucientes de amor, cantad tu nombre.
Y todos los misterios interiores serán desvelados.
Toda ave y toda planta
se os revelarán como Brahman.
El conocimiento del Vedanta se manifestará en todas partes.
Oh, queridos, seguid cantando el nombre de Dios
mientras estáis sentados, o de pie
o implicados en el mundo.
No lo olvidéis nunca.
Unid vuestra mente con el yo mismo.

Explicó que estos nombres de Dios tienen combinaciones específicas de sílabas inherentemente poderosas que poseen la capacidad de despertar la experiencia de Dios dentro de nosotros. Durante la meditación, los antiguos sabios vocalizaban los sonidos vibrantes en los diferentes chakras del cuerpo. Pronunciar estos sonidos nos familiariza, quizá por primera vez, con la sutil fuerza de Dios que hay dentro de nosotros mismos.

Hace más de dos mil años, Patanjali estableció sus famosos yoga sutras, diseñados para guiar a quienes buscaban el estadio superior de la conciencia, conocido como conciencia *siddhi*. Muchos millones de personas que han estudiado sus yoga sutras consideran a Patanjali como el mayor científico del mundo interior que haya vivido jamás.

Patanjali ofreció el siguiente consejo a los estudiantes que buscaban el poder del estado superior de la conciencia: «Repetid y meditad sobre *Aum*». *Aum* es un símbolo para el sonido universal de la creación. Patanjali explicó que, cuando se abandona el cuerpo, la mente desaparece y lo que se escucha entonces es el sonido de *aum*. Repetir este sonido provoca la desaparición de los obstáculos y un despertar a una nueva conciencia superior que es la energía creativa. Cuando practicamos, nos convertimos realmente en el mismo sonido universal. Es el yoga (la conjunción) del observador y el observado.

Cantar continuamente el nombre de Dios es el consejo que dan los maestros de la autoconciencia a quienes buscan participar en el acto de la creación y la manifestación. El sonido de *aaah* es el sonido de Dios. Repítelo varias veces y experimentarás inmediatamente una sensación de alegría y plenitud. Convierte la repetición del nombre de Dios en una práctica meditativa diaria y te transformarás literalmente a ti mismo en este sonido universal de la creación. Llegarás a formar una unidad con el sonido que media entre el mundo de la forma y las más altas frecuencias del mundo espiritual.

La meditación del sonido *aaah* será más completa si desarrollas una imagen mental de tus capacidades creativas para manifestarte. Una forma de lograrlo consiste en verte a ti mismo como un generador que proyectara energía vibratoria con el sonido *aaah* de Dios. Imagina que el sonido emana a través de las aberturas chakra de tu cuerpo, conectándolo con lo que quieres atraer o crear en tu mundo de la forma.

La meditación de la creación y los dos chakras manifestadores

Del total de siete chakras del cuerpo, hay dos que son significativos para aprender esta técnica de la manifestación. El chakra base o centro del sexo es uno de ellos, y el chakra del tercer ojo, o chakra de la mente, situado entre las cejas, es el otro. Imagina que existiera en tu cuerpo un canal entre el chakra base y tu tercer ojo. Vas a aclarar este pasaje imaginario entre estos dos chakras y a sentir cómo abres el tercer ojo, de modo que puedas proyectar imaginariamente tu energía manifestadora para que salga por la nueva abertura.

El chakra base es el centro de la procreación. El chakra del tercer ojo es el del propósito de la manifestación. Piensa en tu tercer ojo, que es invisible para el ojo desnudo, como aquella parte de ti mismo que establece contacto con el mundo físico. El chakra del tercer ojo puede registrar voluntariamente o ver las vibraciones de dimensiones situadas más allá del plano físico, pero sólo si puedes convencerte a ti mismo de esta verdad y desatascas esta abertura. Estás intentando abrir tu tercer ojo a través del lenguaje de tu conciencia *siddhi*, utilizando tu cerebro racional, que mantiene al mismo tiempo que esto es una tontería y una imposibilidad.

Recuerda que el sonido de *aaah* es el de la alegría, al mismo tiempo que el sonido de Dios («En el principio existía la Palabra»); piensa en el sonido que acompaña al proceso de la procreación. El sonido *aaah* es el que se escucha más comúnmente en el acto mismo de la procreación y sucede con mucha frecuencia que el nombre de Dios se repite varias veces cuando una nueva alma llega desde el mundo de lo invisible al mundo de la forma materializada: «¡Oh, Dios!», «¡Oh, Dios mío!», «¡Aaah!».

Inicialmente, esto puede parecer incluso divertido, a pesar de lo cual es válido e incontrovertible que se trata de pistas universales para el proceso de la manifestación. La energía liberada a través del chakra de la raíz o base es la que produce la procreación. ¿Y qué ha ocurrido? Una liberación de energía desde el chakra base recibida por otro chakra base, y un alma que se conecta para pasar de lo invisible al mundo de la forma, todo ello acompañado por el sonido de *aaah*. No cabe la menor duda acerca de esto. La energía liberada a través del chakra del tercer ojo es llamada recreación o manifestación.

Aprender esta técnica de manifestación del sonido no supone en realidad más que abrir el canal que existe entre estos dos chakras de tu cuerpo. Al repetir el sonido *aah* de la manera que he descrito al final de este séptimo principio, al sentir que la energía asciende desde el centro de la procreación hasta el tercer ojo y, en último término, al abrir ese tercer ojo con tu propia energía etérea, mediante la utilización de este sonido, sitúas en el mundo una energía incondicionalmente amorosa que producirá la creación del deseo de tu corazón. Con la manifestación, liberas energía desde el «chakra de la mente» o tercer ojo, y lo conectas con aquello que deseas.

Tal como Muktananda recordó repetidamente a tus seguidores: «Captar una visión fugaz de la belleza de la realidad es un don que se hace posible a través de la *Shaktipat* (la energía divina transferida directamente), y a través del poder de repetir el nombre de Dios, ya sea por medio del cántico, la oración o la repetición de un mantra». Y, según nos enseña el gran maestro, con una práctica firme nos liberaremos de todo aquello que nos impide vivir constantemente en la conciencia de que «todo esto es Dios, todo esto es Dios» *(Darshan Magazine,* septiembre de 1994, pág. 3).

Abrir el tercer ojo es un ejercicio interior que consiste en situar la atención en el tercer ojo, o chakra de la mente, y proyectarse a través de él, sintiendo la alegría que va asociada con el sonido. Se experimenta dejando los límites del cuerpo físico y abrazando aquello que uno quiere manifestar, para traerlo consigo. Es sintonizar con la vibración de la creación abandonando las limitaciones del cuerpo/mente y abriendo el canal entre el centro de la procreación y el centro de la manifestación. Una vez que este pasaje se ha despejado de obstáculos, uno se encuentra inmerso en la gracia de una bienaventuranza que nutre el alma, con la repetición cotidiana de la meditación *aaah*.

Introduce la meditación del sonido en tu práctica matinal. Estarás armonizándote entonces con un sonido de paz y alegría, y participarás de la idea de que tú y dios sois uno en el sentido universal. El sonido hará llegar hasta ti esa conciencia, puesto que no se trata de una palabra que la mente pueda tomar y distorsionar en un modelo dominado por el ego. Es un sonido que trasciende el funcionamiento racional de la mente.

He creado una cinta de casette y un disco compacto titulados *Meditaciones para manifestar*, que te guiará a través de esta meditación matinal, utilizando mi voz para ayudarte a centrarte en el sonido. Además, esta grabación te guiarán también a través de la segunda meditación, que tiene lugar por la noche, y que también pone el énfasis en el chakra del tercer ojo. No obstante, el énfasis de la meditación nocturna para la manifestación es diferente. Aquí se presta atención a la gratitud por todo aquello que se ha manifestado en la vida. Y ese es también el tema del noveno y último principio.

El sonido de aquello que es manifestado

Hay un segundo sonido que refleja la frecuencia vibratoria de las manifestaciones en el plano físico. Este sonido es *om*. Si redujeras todo lo que puedes observar en el plano físico a su vibración última de sonido, escucharías el sonido *om*. Es aquel en el que meditaban las mujeres de la antigüedad cuando traían a sus hijos al mundo. Mientras que *aaah* es el sonido de la creación, *om* es el sonido de aquello que ya ha sido creado. *Om* expresa gratitud por todo lo que se ha manifestado.

Existe una relación básica entre nuestro nivel de conciencia y las vibraciones del universo. Ser consciente de ello hace posible sintonizar estas vibraciones con el estado mental que uno desee. Esa es la razón por la que he incluido la meditación *om* en el proceso de la manifestación. Repetir el sonido *om* por la noche sintoniza a la persona con un estado superior de conciencia y con la gratitud por todo lo que se ha manifestado en su vida. Estará entonces en sincronía con su entorno más inmediato.

Repetir este sonido como un mantra de gratitud es una de las sensaciones más gozosas que podrás experimentar jamás, y te hará estar en armonía con tu entorno en lugar enfrentarte a él. Te sentirás fuertemente conectado con tu vida, en lugar de experimentar la necesidad de controlar que fomenta tu ego.

Utilizar el sonido *om* es una forma de vincularte con todo lo que se manifiesta en tu vida, en la forma que sea. Te ayuda a crear un remanso de paz y te ayuda a identificarte con el principio de la manifestación. Tendrás la sensación de estar finalmente en el mismo equipo que Dios, en lugar de mantener con él una relación de jefe y empleado. Tu capacidad para practicar la meditación del *om* con regularidad te ayudará a valorar lo que estás manifestando y te permitirá sentirte espiritualmente conectado.

Durante la meditación el sonido *om* también se centra en el chakra del tercer ojo. Proyecta la energía del agradecimiento desde este chakra y sentirás una abertura en el tercer ojo. Extiende entonces tu energía etérea vibrante al sonido de todo lo que hay en el mundo físico, a través de la abertura imaginaria situada en la zona del tercer ojo. Al pronunciar este sonido y familiarizarte con él, te fundirás con la alegría que va asociada con él. Te sentirás más ligero, más fresco y más conectado con todo lo que hay en tu mundo y todo lo que se ha manifestado para ti. Tanto en la cinta como en el disco compacto he incluido afirmaciones de gratitud que repito mientras meditas.

En este punto, espero que ya seas consciente de la importancia y la necesidad de utilizar la meditación *om* por la noche, y la meditación de la manifestación *aaah* por la mañana. Estos dos sonidos, utilizados diariamente, preferiblemente por la mañana y por la noche, constituyen la base para que te hagas adepto a conectarte con aquello que deseas y para que comprendas totalmente el mensaje de este libro, que es que manifiestes tus propios deseos y tu destino.

Ni siquiera se me ocurriría ponerme a escribir sin haber dedicado antes veinte o treinta minutos a la meditación del *aaah*. Es durante ese tiempo cuando acumulo la energía de la creación, repitiendo continuamente el sonido *aaah* de gozosa creación. Luego, por la noche, una vez que he terminado mi trabajo del día, realizo la meditación de la gratitud, empleando para ello el sonido *om*, que es el de todo lo que he creado en mi máquina de escribir durante el transcurso del día.

Este sencillo ritual me sitúa en un estado de gracia, y me aporta la certeza interior de estar en relación con la fuerza creativa divina del universo, y de que me siento profusamente agradecido por disfrutar de esta relación divina. Es lo que yo denomino la relación sagrada. Sin ella, sería incapaz de manifestar ni este ni ningún otro libro.

Una vez que hayas comprendido estos dos sonidos y que conozcas el poder de las vibraciones, querrás poner en práctica esta nueva conciencia. En la siguiente sección encontrarás una explicación detallada de cómo efectuar exactamente las meditaciones de la manifestación de una forma diaria.

La práctica de meditar para la manifestación

Manifestar y meditar no son cosas que puedan ir separadas. Son como la cresta y la base de la ola, separadas y distintas la una de la otra, pero siempre juntas. No puedes hacerte adepto a manifestar los deseos de tu corazón si no estás dispuesto a dedicar tiempo a la práctica de la meditación.

La meditación es, simplemente, el acto de permanecer tranquilo, con uno mismo, y apagar el constante monólogo que llena el espacio interior de tu ser. Supone detener el constante bombardeo de pensamientos y la cháchara aparentemente interminable que llena tu mundo interior. Ese ruido interior es como un escudo que te impide conocer tu yo superior.

Practicar la meditación sana es una forma útil de lograr el silencio interior y de eliminar las influencias de la cháchara constante que es producida en buena parte por el ego. La atención de la mente se aleja de los millones de pensamientos diseminados y se centra en la conciencia del sonido mismo. El sonido sirve como un mantra, te mantiene centrado y silencia la cháchara.

Los mejores momentos para meditar utilizando esta técnica de la manifestación de los sonidos repetitivos son a la salida y a la puesta del sol. Si no estás acostumbrado a levantarte a la salida del sol, o antes, haz un esfuerzo por establecer esta disciplina durante un período de prueba de noventa días. Si eso te fuera imposible, utiliza el momento en que te despiertes para la meditación del *aaah*. No obstante, te animo a desafiar cualquier creencia condicionada y preestablecida que puedas abrigar relativa a tu capacidad para levantarte antes de la salida del sol para practicar la meditación de la manifestación. Tus convicciones sobre la necesidad de un cierto número de horas de sueño, o sobre tu incapacidad de levantarte de la cama, o de atesorar el sueño más que ninguna otra cosa, o cualquier otra razón similar, son el resultado de tus condicionamientos, y a menudo no representan más que excusas.

Lo que quieres es convertirte en una persona disciplinada. A primeras horas de la mañana, y particularmente antes de la salida del sol, es el mejor momento del día para despertarse. El silencio permite sentirse cerca de Dios. Es el momento en que tu mente y tu corazón se sienten más claros y están menos distraídos. Puedes percibir la energía de la curación y las soluciones en el silencio de primeras horas de la mañana, sobre todo entre las tres y las seis de la madrugada. Utiliza cosas específicas para animarte a despertarte durante estas horas, sabiendo que el tiempo empleado en una meditación de la manifestación te proporcionará mucho más descanso que unas horas más de sueño.

El sol es una gigantesca fuente de energía para nuestro planeta y todo lo que crece en él. Cuando empieza a salir, por la mañana, la energía que rompe la oscuridad es la más intensa. Es el momento ideal para empezar tu meditación de la manifestación. Te recomiendo buscar un lugar cómodo donde sentarte, sin necesidad de adoptar ninguna postura o posición concreta. La postura perfecta es aquella en la que te sientas más relajado y en paz. Si fuera posible, es aconsejable hacerlo al aire libre, aunque esto no es en modo alguno una exigencia. Junta suavemente los dedos índice y pulgar de cada mano. Cierra los ojos y dedica aproximadamente veinte minutos a esta práctica matinal.

Efectúa unas pocas respiraciones profundas y prolongadas, consciente de la pauta de tu respiración y de lo que experimentas cuando se llenan tus pulmones. Dirige luego la atención hacia el chakra raíz o base (el centro del sexo), y desplázala por el pasaje entre el chakra raíz y el chakra del tercer ojo. Piensa en él como en un canal que ha quedado obturado, y piensa en el espacio del tercer ojo como una abertura que ha permanecido sellada durante mucho tiempo, y que ahora te dispones a abrir con tu energía etérea interna. Respira ahora más profunda y prolongadamente, llenándote los pulmones y, al exhalar el aliento pronuncia en voz alta el sonido de *aaah*, poniendo en ello tanta emoción y volumen como puedas.

Centra tu atención en despejar el canal con este sonido de *aaah*. Mientras practicas la meditación del *aaah*, añade a tu imagen mental aquello que te gustaría crear o manifestar, desvinculándote por completo de cómo aparecerá en tu vida. (En el octavo principio he explicado con detalle la importancia de no plantear demandas acerca del cómo.) Lo que debes hacer es centrar la atención en la sensación que experimentarás cuando ese deseo se manifieste en el mundo concreto de tu vida.

Mientras meditas durante aproximadamente veinte minutos al principio del día, repite durante todo el tiempo el sonido *aaah* como un mantra. No obstante, hazlo únicamente en voz alta y con emoción durante aproximadamente el primer tercio del tiempo. Dirige tu atención arriba y abajo del pasaje entre el chakra raíz y el chakra del tercer ojo, utilizando el sonido de *aaah*. Luego, centra la atención en el tercer chakra. Ahora vas a abrir el tercer ojo.

Con la energía interna que experimentas por el sonido de la creación que resuena dentro de ti, abre el tercer ojo en tu imagen mental y lanza la fuerza creativa a través de él hacia el mundo de la forma. Imagina que se libera de tu interior y se extiende hasta tal punto que rodea el mundo y los objetos que deseas. Puedes confiar plenamente en que esta energía conectará con la energía universal que es la fuerza de Dios, y que esta enviará el objeto de tu deseo a tu mundo inmediato. Esto debe hacerse de acuerdo con los nueve principios de la manifestación que se explican en este libro, lo que significa tener ausencia de duda, una confianza completa, un amor incondicional y saber que este poder de atracción está dentro de uno y en todas las cosas.

Gradualmente, empezarás a experimentar una sensación

abrumadora de bienaventuranza y paz en el sonido de la creación. Luego sentirás la necesidad de bajar el volumen. Durante aproximadamente el siguiente tercio de la meditación matinal pronuncia el sonido *aaah* cada vez con mayor suavidad. Mantén centrada la atención sobre el tercer ojo, que ahora está abierto y envía esta energía creativa, y sobre la sensación de que tu deseo se está manifestando. Si te sientes distraído o tu atención se desplaza, regresa al tercer ojo y a la sensación de la manifestación que se materializa para ti. Recuerda que no estás pidiendo nada, que no te estás diciendo a Dios cómo realizar este trabajo, estás experimentando, en el tercer ojo, la fuerte sensación de saber, y la bendición de este sonido repetido de una forma cada vez más tranquila.

Durante el último tercio de tu meditación matinal, repite el sonido de *aaah* para ti mismo, en silencio, como un mantra, y mantén la atención centrada en el tercer ojo y en la gloriosa sensación de gratitud que ya estás experimentando por aquello que vaya a manifestarse en tu vida. Una vez que hayas dedicado aproximadamente de veinte a treinta minutos a esta meditación de la manifestación, habrás terminado con tu sesión matinal.

Los objetos de tu deseo pueden ser ilimitados y abarcar toda la gama de la potencialidad humana. Algunas personas han utilizado esta meditación para manifestar paz para sí mismas y aquellas personas que aman, para centrarse en una curación o para encontrar una pareja. Otras la han utilizado para cuestiones tales como vender una casa, conseguir un ascenso en el trabajo, superar una adicción, atraer dinero o lo que sea. Las posibilidades son ilimitadas. He recibido cientos de cartas de personas que describen el éxito que han tenido con la práctica de esta meditación, cuando utilizan los nueve principios con integridad.

Si has llegado en tu lectura hasta este punto, has demostrado tu interés por aprender a convertirte en un manifestador espiritual. Si sabes que el poder para manifestar está dentro de ti, realiza cada mañana esta antigua práctica de repetir el nombre de Dios en un ritual similar al de un cántico, con la atención centrada en la sensación y en el tercer ojo. Lo que estás haciendo en realidad con la meditación *aaah* matinal es resonar con las palabras «En el principio existía la Palabra y la Palabra estaba con Dios, y la Palabra era Dios». El acto de la manifestación es el principio de algo que está siendo creado en tu vida. La palabra es Dios, que es como decir que el sonido *aaah* es el sonido de Dios.

El mejor momento para la meditación nocturna es a la puesta del sol. Una vez más, cuando el sol se pone por debajo del horizonte hay una expresión de energía, similar a una corona, que es más grande precisamente en el momento en que el sol abandona el horizonte y en los minutos inmediatamente posteriores a su desaparición. Practica ahora el sonido *om*, que es la meditación de la gratitud. He detallado este principio de gratitud en el noveno y último principio explicado en este libro.

En resumen, la práctica es idéntica a la meditación de la mañana, con la excepción de que ahora no pides que se manifieste nada. En lugar de eso, al final de la jornada, o al retirarte a descansar, te limitas a dar gracias a la inteligencia universal que llamamos Dios por todo lo que ha manifestado en tu vida. Respira profundamente varias veces, tal como hiciste por la mañana, despeja el canal entre el chakra base y el chakra del tercer ojo, y forma mentalmente la imagen de todo lo que has recibido, para proyectar luego esa energía desde la abertura del tercer ojo. Estás expulsando hacia el universo, que se encuentra más allá de tu cuerpo físico, energía de gratitud, utilizando para ello las afirmaciones que he incluido en el noveno principio, y que yo pronuncio en voz alta durante la meditación guiada del casette y el disco compacto titulado *Meditaciones para la manifestación*.

El sonido *om* se pronuncia en voz alta durante el primer tercio de la meditación para ir bajando gradualmente y finalmente hacerse en silencio, siempre con la atención centrada en el tercer ojo y sintiendo que la energía regresa a la fuente universal de energía que llamamos Dios. El sonido *om* pertenece al mundo material. Es el sonido que nos hace sentirnos más en nuestro hogar aquí, en el mundo material, puesto que es el sonido esencial de toda experiencia en este mundo fenomenológico. Al repetir este sonido te encuentras en armonía con tu entorno.

La parte final de estas meditaciones es el último sonido que escuchas antes de irse a dormir cada noche. El primer sonido que escuchas por la mañana es generalmente el de *aaah*. Es el sonido que haces cuando bostezas o te desperezas. Se consciente de este primer sonido y está dispuesto a reconocerlo como tu propia frecuencia vibratoria del nuevo día que estás manifestando. No obstante, el sonido final que escuchas dentro de ti mismo al irte a dormir puede ser una combinación de los dos sonidos, el *aaah* y el *om*.

Quizá recuerdes que antes definí la iluminación como la capacidad para estar inmerso en la paz y rodeado por ésta. «Paz» es aquí la palabra clave. No es ninguna casualidad que los sonidos *aaah* y *om*, combinados, traduzcan precisamente la palabra que significa paz o iluminación, como en *Shalom, Shaaah... loom*. El sonido de aquello que deseas manifestar y de lo que ya ha sido manifestado, equivalen a paz. Al pronunciar estos dos sonidos para ti mismo cuando te dispones a dormir, estás iniciando el acto de la conciencia *siddhi* iluminada. Formas entonces una unidad con todo lo que es pacífico y todo aquello que se nos ofrece. Tampoco es ninguna casualidad que el sonido fundamental de la alegría espiritual sea el de *aaah* en aleluya, y es el que se encuentra en la palabra que termina todas las oraciones, «amén».

Concluye así la práctica de la meditación para aprender a vibrar con el sonido de crear y de la creación. Forma parte del saber de la humanidad, y se está recuperando, a medida que avanzamos en la revolución espiritual, y mostrando las numerosas bendiciones que puede aportar a nuestras vidas. Prueba esta gloriosa práctica, pacífica, de meditación iluminada de la manifestación durante un período de tres meses, utilizando cada uno de los nueve principios explicados en este libro, y comprueba si experimentas los deseos de tu corazón, sin haber planteado ninguna exigencia o regla a la fuerza universal que es Dios. La disposición de permitir que se manifiesta a su entera voluntad, de permitir que la creación se revele a sí misma, constituye el tema del octavo principio de la manifestación. Aleluya. *Shalom*.

Octavo principio
Desvincúlate pacientemente del resultado

En el séptimo principio, sobre el uso de la meditación del sonido, resalté la importancia de centrar la atención no en el resultado y en cómo quieres que se materialice este en tu vida, sino en los sentimientos que experimentas a medida que manifiestas la imagen de tu deseo. El octavo principio de la manifestación espiritual se centra en la experiencia de ese sentimiento. No debes tratar de controlar la manera en que aparece lo que deseas, ni cuándo.

Durante el tiempo que he enseñado esta meditación, se me han planteado a menudo preguntas como la siguiente: «Si hago esta meditación, tal como sugiere, ¿puedo ganar realmente la lotería?». Mi respuesta es: «¿Cómo te sentirías si ganaras la lotería?». Las respuestas suelen ser: «Me sentiría bienaventurado, seguro, extasiado, contento». Lo crucial para activar el octavo principio son precisamente esos sentimientos. Es una ilusión pensar que necesitas tener algo, como por ejemplo ganar la lotería, para sentirte bienaventurado, seguro, extasiado o contento.

Manifestar no significa plantear exigencias a Dios y al universo. Manifestar es una aventura en colaboración en la que tu intención se alinea con la inteligencia divina. Esa inteligencia está en todas las cosas y en ti mismo también. No estás separado de aquello que quisieras manifestar. Eso eres tú y tú eres eso. Existe un único poder en el universo, y tú estás conectado con él. Pedir que Dios cumpla tu deseo de acuerdo con un horario y un diseño impuesto por ti, refuerza la idea equivocada de Dios como una energía separada.

Imaginar que en el universo existe una inteligencia desprovista de personalidad individual es una forma de empezar a comprender este octavo principio. Este concepto, insólito y quizá difícil, te ayudará a comprender mejor el octavo principio.

La inteligencia aparte de la individualidad

La mayoría de nosotros creemos que el reconocimiento de cualquier otro individuo supone que en algún determinado lugar nuestra individualidad termina y empieza la del otro. Esta creencia forma parte de nuestro condicionamiento y nos impone muchas limitaciones. Aprendemos desde muy pequeños que «Yo no soy ese otro, porque soy yo mismo».

Si esta pauta se adscribiera a la mente universal, tendríamos un Dios que cesa en el punto donde empieza alguna otra cosa. La palabra «universal» no podría aplicarse entonces porque la energía de Dios no incluiría todas las cosas. Ser universal y reconocer cualquier cosa como exterior a uno mismo sería como negar el propio ser. Así pues, la naturaleza de la inteligencia universal se da en ausencia de personalidad individual.

El espíritu que lo impregna todo es una fuerza vital impersonal que da lugar a todo lo manifestado. El espíritu universal penetra todo el espacio y todo lo manifestado, y nosotros formamos parte de eso. Es como si nos encontráramos en un océano de vida impersonal e intensamente inteligente, que lo rodea todo y está en todo, incluidos nosotros mismos. Aunque has sido condicionado para que creas que es un ser individual, en realidad forma parte de la gran naturaleza universal, que es infinita en cuanto a sus posibilidades.

La inteligencia indiferenciada responde cuando la persona la reconoce. Si crees que el mundo está dirigido por el azar, o por tus propias exigencias personales, la mente universal te presentará una mezcolanza de reacciones, sin ningún orden reconocible. No obstante, cuando dejas de creer que eres una personalidad separada, con inteligencia individual, empiezas a tener una visión mucho más clara.

Desde la perspectiva de una inteligencia que es universal e indiferenciada, pregúntate qué supone para ti la relación con esta mente universal. No puede tener «favoritos» si es verdaderamente la raíz y el soporte de todo y de todos. Al faltarle individualidad, no puede entrar en conflicto con los deseos que albergas. Al ser universal, no puede desvincularse de ti.

Todas estas afirmaciones caracterizan esta mente que todo lo produce como sensible a ti, una vez que comprendes tu relación con ella. Este principio universal, que todo lo impregna, tiene en común contigo la naturaleza. Al solucionar este enigma del ego, adquieres una mayor sabiduría en relación a tu capacidad para aplicar el octavo principio de la manifestación.

No puedes agotar lo que es infinito, de modo que poseerlo significa que tienes la capacidad para diferenciarlo como tu deseo. Tu tarea consiste en poner lo universal a tu alcance, elevándote para ello al nivel de aquello que es universal, en lugar de atraer lo universal hasta un nivel de individualidad mal entendida que esté separada de lo universal. Sólo necesitas reconocerlo para atraerlo hacia ti, en lugar de pedirle que te reconozca y te lleve hasta ello. Todo esto puede parecer un tanto confuso, puesto que los principios que se te han inculcado siempre son otros. Y, sin embargo, es crucial que lo comprendas, antes de continuar por el camino de la manifestación.

Reconoce lo universal como una parte de todo lo que eres, y que todo lo que tú eres se halla indiferenciado de todo lo que es. Repite continuamente esta nueva conciencia. Debes saber que si no reconoces lo universal como indiferenciado, se te presentará exactamente de ese modo, como una masa informe de energía que no puedes alcanzar, como un caos antes que como un cosmos, y como un sistema en el que te hallas separado de todo aquello que deseas.

Así pues, elimina de tus deseos todo tipo de exigencias, y

vuelve tu mirada hacia ti mismo, sabiendo que estás atrayendo la inteligencia universal a tu vida, y que el cómo y el cuándo están en manos de esa inteligencia, sin juzgar, exigir o insistir en las condiciones de tu personalidad. El hecho de saberlo es suficiente. Luego, cultiva el poder de la paciente desvinculación con respecto del resultado.

El poder de la paciencia infinita

La siguiente frase provocativa se ha tomado de *Curso de milagros*: «Quienes están seguros del resultado pueden permitirse esperar, sin ansiedad». Esa es la característica principal de la paciencia infinita. La noción de certidumbre y la paciencia van juntas. Al confiar y saber que se está conectado con esa inteligencia universal que lo provee todo, la persona sólo tiene que permitirse la virtud de la paciencia. No impone ninguna restricción temporal a tus manifestaciones y sigue con su vida cotidiana con la certeza de saber que: «Dispongo de todo el tiempo que necesito, y estoy seguro del resultado, de modo que permitiré que aparezca a su debido tiempo».

El secreto de ser paciente está en la certidumbre del resultado. Cuando esa certidumbre se manifiesta en ti en forma de confianza y conocimiento, puedes desviar tus pensamientos del resultado deseado. Sin cólera ni angustia, puedes dirigir entonces tu atención a todas aquellas tareas que ocupen tu actividad cotidiana.

El hecho de saber y la infinita paciencia te permiten sentirte tranquilo. Has practicado todos los principios de la manifestación espiritual, y luego has permitido que el universo se ocupe de los detalles. Sientes en tu interior que aquello que deseas manifestar ya está ahí, y el bienestar de saber que ya has sido bendecido con aquello que buscas. En consecuencia, no experimentas la presión de querer que aparezca inmediatamente.

Esta bendición interior es una función del poder de tu paciencia infinita. Más adelante, en *Curso de milagros*, se nos recuerda que «la paciencia es natural para el maestro que es Dios. Todo lo que él ve es un resultado cierto, en un momento quizá desconocido todavía para él, pero del que no cabe la menor duda». Me encanta esta idea de tener una certidumbre sobre el resultado y de despreocuparse por los detalles.

Cuando nos sentimos impacientes, nos devaluamos literalmente a nosotros mismos y nuestra conexión con el divino Espíritu Santo. La impaciencia supone el fracaso de la confianza en la inteligencia universal, e implica que nos hallamos separados del espíritu que todo lo provee. La impaciencia implica que nuestro ego es el dueño del deseo. Tenemos que abordar y cambiar esta forma de darnos importancia a nosotros mismos.

Al estar seguro del resultado, al despreocuparte del cómo y el cuándo, cultivas el poder de la paciencia infinita y, simultáneamente, te desvinculas del resultado. Una vez que ha tenido lugar esta desvinculación, puedes ocuparte de asuntos cotidianos, como educar a tus hijos, dedicarte a tu trabajo o formación, meditar y comulgar con Dios, y limitarte a observar pacientemente. La paciencia es algo espontáneo cuando se confía en la unicidad de la inteligencia universal.

Una de las formas de desarrollar la paciencia consiste en contemplar lo paciente que ha sido Dios contigo. Cuando pasaste por momentos de negación, de ensimismamiento, de autocrítica o de odio, Dios se mostró infinitamente paciente. Dios no te reprende o te castiga cuando te apartas del camino sagrado, y tampoco te abandona. Esa es la clase de paciencia que deberías desarrollar.

La paciencia infinita es una señal de confianza y exige de un amor infinito para producir resultados en tu vida. Al desprenderte de la impaciencia, te alineas con la fuerza de Dios, y desaparece la angustia de pensar en todo lo que falta en tu vida. Cuando se apodera de ti la impaciencia basada en el temor, pierdes tu yo infinito y te conviertes de nuevo en sujeto del ego, que no tiene paciencia alguna con nada que se refiera a la infinitud.

El ego desea lo que desea, y lo quiere ahora. Si no se ve satisfecho, te convencerá de que este mundo está podrido y de que no puedes confiar en nada más que en tu yo diferenciado, aun cuando haya sido ese yo el que ha producido las sensaciones de carencia. Si satisfaces al ego, al día siguiente aparecerá una nueva lista de exigencias. El nivel de angustia aumentará mientras te dediques a satisfacer estas nuevas demandas. Y esa situación se prolongará mientras permitas que el ego se haga cargo de tu vida.

Pero al reconocer la conexión entre tu yo infinito y la fuerza de Dios, sabrás que Dios ha sido paciente contigo, al margen de lo mucho que hayas tardado en comprenderlo, al margen de lo lejos que hayas llegado en tu búsqueda y de lo mucho que te hayas negado a escuchar.

La paciencia infinita producirá resultados casi inmediatos en tu vida. Alcanzas la libertad cuando eliminas la necesidad de tener lo que quieres ahora, con la seguridad de que en realidad ya lo tienes, aunque aún no se haya presentado en tu entorno inmediato tal como te gustaría. Como persona infinitamente paciente sabes que ya estás allí donde querrías estar, que no hay accidentes, y que todo aquello que parece faltar no es más que una ilusión perpetrada por tu ego.

Con esta conciencia, la impaciencia desaparece y dejas de buscar resultados a tu meditación de la manifestación. Diriges tus pensamientos hacia los asuntos cotidianos de tu vida, sabiendo que no estás solo. Tu paciencia te permite apreciar en silencio todo aquello que se ha manifestado en tu vida. Esta práctica de paciente desvinculación del resultado es un concepto extraño para aquellos de nosotros a quienes se ha enseñado que los objetivos, los símbolos del éxito y la acumulación de méritos son formas de sentirse importantes y de encajar en nuestra cultura. Has alcanzado la paz con tu infinita paciencia y la paz es precisamente lo que trae la iluminación.

A continuación se ofrece una guía para vivir con la aparente paradoja de intentar manifestar algo en tu vida, desvinculándote al mismo tiempo del cuándo y el cómo aparecerá.

Un plan, paso a paso, para introducir una desvinculación paciente en tu práctica de la manifestación

- Comprende la esencia de lo que deseas. Lo que tú deseas no se encuentra necesariamente en el ámbito de las cosas. Si quieres manifestar dinero, por ejemplo, observa si tu atención se centra en los billetes o en la experiencia de sentir seguridad financiera. Pregúntate para qué quieres el dinero. Centra la atención en las gozosas experiencias que asocias con lo que deseas, en lugar de centrarla en un automóvil nuevo o en un nuevo jefe o un compañero o compañera diferente. La experiencia es la esencia de tu deseo.

  La esencia está localizada siempre en los sentimientos. Al buscar en tu interior, pasas de sentirte gratificado por cosas externas a la verdadera experiencia de la gratificación. La esencia de tu deseo es un sentimiento de bienestar y gozo, y un alineamiento con el espíritu universal. Entonces podrás ver cómo aparecen en tu vida muchas cosas que te mostrarán el camino. Es posible que no tengan nada que ver con lo que originalmente creías que deseabas o necesitabas.

  Quizá sientas que deseas manifestar verdaderamente más ingresos y un ascenso, pero si buscas la esencia de este deseo, verás probablemente que lo que en realidad necesitas es una mayor seguridad y sensación de bienestar. Desvincúlate del ascenso en el mundo y del aumento de salario. En lugar de eso, dirige tu energía manifestadora a la misma esencia de tu deseo de sentirte más seguro y menos estresado. Probablemente, verás que empiezan a suceder cosas en tu vida que reducen tu ansiedad. Una vez más, es posible que tengan poco que ver con lo que originalmente creías que deseabas.

- Destierra las dudas y entra en el ámbito de la certidumbre. Elimina todas las dudas relativas a tu capacidad para manifestar la esencia de tus deseos. Revisa lo que has leído hasta ahora y, cada vez que aparezca una duda, recuerda que tú y la inteligencia universal sois una misma cosa, y que esta inteligencia universal está en todas las cosas. Lo sabes, y también sabes que puedes conectar con esta energía para satisfacer la esencia de tus deseos. Te recomiendo que revises el segundo principio de este libro y, si quieres reforzar esta idea, todo el capítulo titulado «Destierra tus dudas» en *Tu yo sagrado*.

Una vez que hayas eliminado las dudas acerca de tu capacidad para manifestar, te será fácil desvincularte del resultado y de todos los detalles. Lo único que necesitarás será confiar en ti mismo y en la energía divina del universo.

- Abandona tus expectativas y dedícate a tus asuntos. Una vez que hayas dirigido hacia el universo la meditación del *aaah*, a través de la abertura del tercer ojo, olvídate de ello y entrégate a los asuntos de tu vida cotidiana. No sigas buscando razones para no creer en tu capacidad para atraer aquello que deseas.

Practica la paciencia que Dios ha mostrado siempre hacia ti en tus momentos de mayor agitación. Encontrarás consuelo en la silenciosa certidumbre y en tu relación con Dios.

Continúa con tu trabajo diario y tu régimen de ocio con un nuevo sentido de paz, que se origina en tu conocimiento acerca de lo que se te manifiesta. Permanece completamente desvinculado de la inclinación a medir y calcular lo que aparece o no aparece ante ti.

De hecho, cuando se manifiesten tus deseos es muy posible que transcurra algún tiempo antes de que te des cuenta, pero el día que lo hagas, comprenderás que no habías reparado en ello porque te habías desvinculado del resultado y lo habías dejado en manos de Dios. Esto es una indicación de que has podido dominar este principio de paciente desvinculación del resultado.

- Guarda tus deseos para ti. Tal como hemos indicado antes, compartir tus esfuerzos de manifestación no hace sino disminuir la energía y desviarla hacia la necesidad del ego de conseguir aprobación. Deseas que la energía de tu manifestación sea lo más directa y pura posible. Además, quieres evitar la disipación de la energía que proyectas, impidiendo que se implique con cualquier necesidad del ego.

    Si te has desvinculado pacientemente, también te habrás desvinculado de toda necesidad de conseguir aprobación por tus esfuerzos. Naturalmente, es posible que, en último término, quieras compartir los resultados de tu manifestación espiritual, pero mientras incubes esta experiencia divina con Dios, haz todo lo posible para que sea una cuestión privada. La necesidad de compartirla en esta fase es una indicación de que tu atención está en el resultado y de que te hallas vinculado al mismo.

- Aprende a interpretar los indicios de la manifestación de tus deseos. Ten en cuenta que las cosas, tal como aparecerán en tu vida, no estarán necesariamente relacionadas con lo que te haya indicado tu cerebro racional. Pueden empezar a aparecer en tu vida nuevas cosas, y seguramente te sorprenderá comprobar que cada vez sucede con mayor frecuencia.

    También empezarás a observar con mayor claridad la relación entre tus pensamientos y el objeto en que se materializan en tu vida. Las cosas que antes solías calificar como coincidencias se harán más y más evidentes a medida que practiques estos principios de la manifestación. Verás que aparecen personas para ayudarte después de que hayas pensado en estos necesarios ayudantes. Verás aparecer objetos que estaban en tu mente, y que habías olvidado, pero que ahora aparecen en tu vida con mayor frecuencia.

    Alguien mencionará una película concreta o una

canción o cualquier otra cosa aparentemente irrelevante, y la escucharás una y otra vez, o la película antigua que comentaste que desearías ver, aparece de pronto en la tienda de vídeos ese mismo día. Sé consciente de la relación entre lo que piensas y lo que realmente deseas manifestar. Los indicios empezarán a brotar en una multitud de formas deliciosas e inesperadas.

Todos estos acontecimientos y ocurrencias sincrónicas son el resultado de empezar a vivir en un estado elevado de conciencia. Estás estableciendo conscientemente contacto con la fuente universal de toda energía, que ha estado, hasta ahora, por debajo de tu nivel de conciencia, y que ahora empieza a aflorar a la superficie. Presta mucha atención a los indicios que vayan apareciendo y piensa para tus adentros: «Está funcionando. Puedo ver los resultados y sé que se debe al hecho de que utilicé estos principios y a mis prácticas de meditación. Continuaré haciendo en privado lo que estoy haciendo».

- Actúa inmediatamente en cuanto detectes los primeros indicios, reconociéndolos. Al reconocer las primeras señales de la llegada de aquello que deseas manifestar, estarás dando a tu energía una carga positiva, y reconociendo la divina inteligencia universal. Este reconocimiento es esencial para la continuación de este proceso de manifestación.

Da gracias en silencio y di para ti mismo: «Veo los resultados de mi conexión con la fuente universal. Observo la presencia de esa persona concreta que se ofreció a ayudarme, y sé que me fue enviada por Dios. Doy las gracias y haré todo lo posible por utilizar esta manifestación para el bien de la humanidad, antes que para la gratificación de mi propio ego».

- No pienses en tu manifestación como un favor especial. La inteligencia universal que llamamos Dios no es una personalidad individual, y no dispensará favores especiales ni a ti ni a nadie. Ver la manifestación como un favor equivale a iniciar el proceso de regateo con Dios y a creer en tu separación de todos los otros seres vivos. El proceso de la manifestación es una práctica espiritual en la medida en que reconoces que tú y la fuente divina de toda la energía sois una misma cosa.

Esta unicidad no juzga si alguien tiene más derecho a la abundancia que cualquier otro. Está en todas partes y en todas las cosas y se muestra cuando tú, como una partícula localizada de esa fuente divina, reconoces tu conexión y te muestras abierto a que esta actúe en tu vida.

Aunque la gratitud es una parte importante de esta conciencia que representa el noveno y último principio de la manifestación espiritual, no supone aprecio por haber recibido un favor especial. Al ego le encanta hacerte aparecer como alguien especial y característicamente distinto de todos los demás y, en consecuencia, más digno de su multitud de exigencias. Al ego le gustaría que pensaras en estas manifestaciones como favores especiales porque, al hacerlo, reforzarías tu separación con respecto a esa fuente.

Tus deseos se manifiestan porque estás en perfecto alineamiento con tu fuente de creación, y porque no planteas ninguna limitación a lo que pueda aparecer en tu vida. Ignora los esfuerzos de tu ego por hacerte pensar que estás recibiendo las más ricas bendiciones de Dios, porque eres especial.

En lugar de eso, sé agradecido y utiliza estas bendiciones al servicio de otros y con la más profunda gratitud por la esencia espiritual que hay en ti. Ya no te identificas exclusivamente con el cuerpo físico, y reconoces tu alma infinita como tu verdadera esencia. Es precisamente esto lo que te permitirá obtener unos resultados en la manifestación, no tu singularidad como individuo. Recuerda una vez más que la inteligencia universal que llamamos Dios no puede singularizarse o enmarcarse dentro de unos límites, puesto que está en todas partes y en todo.

- Considera todos y cada uno de los obstáculos que encuentres como lecciones, no como indicaciones de fracaso. Ten en cuenta que estás practicando la paciencia y la desvinculación del resultado. Cuando algo parezca ser obstáculo, no utilices ese hecho material para negar la existencia de la energía universal que es tu esencia.

Una vez más, eso es cosa de tu ego, que desea hacerte creer que es él el que domina tu vida, no Dios. Si el ego consigue convencerte de que todo esto no son más que tonterías, y de que esos obstáculos constituyen una demostración positiva de que Dios te ignora, habrás vuelto a caer bajo su influencia.

Todo aquello que aparece en tu vida tiene un propósito. Eso incluye las caídas, que te proporcionan la energía para impulsarte hacia un estado más elevado de conciencia.

Manifestar supone un estado de conciencia superior al que experimentas cuando crees que vas de un lado a otro según la voluntad caprichosa de tu entorno y de un jefe que está a cargo de todo. Cada obstáculo, por difícil o imponente que parezca, es una prueba que se te plantea para que demuestres tu fe y tengas la certeza absoluta de que has desterrado toda duda.

Cuando parezca que las cosas no se materialicen tal como habías planeado, recuerda que eres infinitamente paciente y que estás desvinculado de cualquier programa concreto. La mayoría de las bendiciones que aparecieron anteriormente en tu vida, y también en la mía, fueron precedidas de tropiezos que no estábamos seguros de poder superar. Pero las superaste, igual que yo, y en el fondo de mi corazón sé que todos los progresos se ven generalmente precedidos por una caída de algún tipo. Tiendo a considerar esas caídas con gratitud, antes que con desánimo.

El conocimiento que poseo sobre mi capacidad para manifestar la esencia de mis deseos es tan fuerte, que puedo mantener mi paciencia y desvinculación acerca de cómo se mostrarán los detalles, incluso a la vista de lo que pudiera parecer como algo insuperable. No hay fracaso cuando uno se desvincula de la forma en que aparece algo. Funciona. Debes saberlo así y permitir que el universo se ocupe de todos los detalles.

- Elimina todo juicio de tu práctica de la manifestación. La ley universal no es una energía dual. No funciona según el mismo dualismo que actúa aquí, sobre el plano terrenal. No discrimina o actúa sobre la base bueno/malo, correcto/incorrecto. Sólo hay una energía que lo impregna todo, y todo forma parte de ese poder. Por su misma naturaleza, la ley universal está en equilibrio, de modo que todo aquello que desees debe estar también en armonía con el reconocimiento de la divina fuente universal de la que todos reciben su energía vital.

Esto exige que uno esté dispuesto a superar su inclinación a juzgar aquello que aparezca en su vida como bueno o malo, correcto o incorrecto, atractivo o poco atractivo, etcétera. Tus juicios detienen el flujo de la energía universal hacia tu vida y te enajenan del poder divino. No es que se te vaya a castigar por ello, sino más bien que tu reconocimiento alterará el flujo natural de esa energía hacia tu vida.

Tu capacidad para manifestar depende en buena medida de tu propia voluntad para dejar atrás el inconsciente colectivo, los juicios colectivos que constituyen la totalidad de las creencias humanas. Los numerosos juicios que albergas sobre el mundo, inhiben tu capacidad para manifestar los deseos de tu corazón. Desvincularte de esas creencias es uno de los mayores desafíos de tu vida.

Tienes que abandonar este inconsciente colectivo dejando en suspenso los juicios y las creencias que abrigas, para entrar resueltamente en el mundo de lo desconocido. Probablemente, experimentarás una sensación de pérdida y quizá un sentimiento de soledad al abandonar la costumbre de enjuiciar las cosas. La recompensa es que empezarás a expandir tus propias percepciones y a aceptar que aquello que crean los demás son percepciones que sólo a ellos les atañen, y no necesariamente hechos, como tú crees. Lo que el inconsciente colectivo ve como límites a tus capacidades, tú sabrás que es una falsa percepción.

No necesitarás entrar en conflicto con esta conciencia, porque habrá entrado en una vibración superior en la que no hay límites. El plano físico terrenal tiene tus límites. Tú, sin embargo, resides ahora en la inteligencia universal responsable de la existencia de ese plano físico terrenal. Da el gran salto, dejando atrás todo juicio, y acepta todo lo que te llegue desde esa ilimitada fuente de energía.

Podría tratarse de una simple tarjeta de visita que encuentras mientras caminas por la playa, o puede adoptar la forma de un libro o una cinta grabada, o de un mensaje que iba destinado a otra persona pero que acabó por error en tu buzón de correos. Todas estas pueden ser pistas que te conduzcan a algo. Evita emitir juicios acerca de cómo ha llegado algo a tu vida, y niégate a asumir los juicios colectivos que impregnan las creencias de la mayoría de la gente con la que te encuentras. Aprovecha esta inteligencia universal mediante la observación regular de tus manifestaciones, que se producen, esencialmente, en cada uno de los acontecimientos que ocurren en tu vida.

Al observar lo que llega y lo que desaparece, trata de hacerlo sin emitir juicios, dejándote llevar por un sentimiento de aceptación completa y liberándote de la influencia de tus pensamientos. Tu mente querrá participar en el juego de emitir juicios. Recuerda que estás sintiendo como si lo que deseas manifestar ya estuviera en tu vida. Tu mente no estará de acuerdo, por eso tienes que aprender a dejar en suspenso tus juicios. Quizá te digas a ti mismo: «Soy rico y feliz», y tu mente te contradiga: «No lo eres». Te encuentras así con un choque entre dos energías opuestas: tu deseo contra lo que te dice tu mente, con todos sus juicios y su negatividad.

Este choque es una advertencia de que no vas a entrar en el reino de la manifestación. No conseguirás ser un manifestador hasta que hayas descartado meticulosamente toda negatividad que puedas haber heredado del inconsciente colectivo. Tienes que entrar en una nueva dimensión, y eso es algo que no se consigue abandonando el plano terrenal, sino realizando un viaje interior.

En ese mundo interior, cualquier cosa que puedas imaginar es en realidad una parte de ti mismo, ahora. Tu proclamación de ser rico y feliz, tomada por ese mundo interior que no juzga, te conducirá a sentirte rico y feliz. Esto te llevará a tu vez a empezar a actuar de un nuevo modo. Empezarás a crear una nueva realidad concreta de riqueza y felicidad dentro de ti mismo, a medida que generas una actitud positiva hacia todo lo que encuentres. No hay juicios, sino simplemente la sensación de haber manifestado ya aquello que es tu deseo.

Recuerda que la ley universal es neutral y está en todas partes, y que no le preocupa si recibes o no el deseo de tu corazón. En consecuencia, debes recorrer el camino de la manifestación con entusiasmo y con una total ausencia de juicio. Vas a recoger algo que ya está ahí y que te pertenece, sin el menor género de dudas, con la feroz determinación de recibir aquello con lo que ahora estás alineado en tu mundo interior de energía que no juzga. Esta ley no discrimina. Recibe tu energía y te aporta lo que tú mismo pones. Tienes que confiar en ella y estar totalmente libre de prejuicios acerca del método y el momento de la entrega.

Tu mente intentará utilizar la lógica, pero la manifestación no es lógica. Tu mente tratará de emplear la negatividad, insistiendo en que eres demasiado viejo, estúpido o no mereces nada, que nunca consigues nada, que has deseado otras cosas en el pasado y te han decepcionado, y que no hay razones para esperar que las cosas vayan a cambiar ahora. Esto se debe al apego de la mente y del ego a los resultados y al pasado. A pensar utilizando un conjunto lógico de creencias que ha adoptado a partir de la conciencia colectiva tribal, y que te ha sido inculcado desde que llegaste a este plano físico. Al recibir de tu mente esta clase de consejo, da las gracias por la información pero debes decirte: «Me niego a aceptar ninguna energía que contradiga el poder ilimitado que hay dentro de mí, y voy a continuar con mi manifestación».

La ley universal es mucho más magnánima que la mente. Recuerda que es ilimitada, que no conoce fronteras y es omnipresente. Existe en una dimensión más vasta que la mente. Esta es la razón por la que la mente ni siquiera puede comprender la fuente universal de la energía. Tu mente cree que es el final de toda experiencia y conciencia, y la estás utilizando para afirmar o negar lo que existe más allá de ella. Es realmente una gran paradoja.

Pero puedes empezar a confiar en lo que desea tu mente yendo más allá de ella. La meditación y los sentimientos intuitivos son dos formas de superponerse a la mente. Se pone el énfasis en desvincularse de las creencias del inconsciente colectivo, negándose a juzgar y permitiendo pacientemente que la fuente universal te provea con aquello con lo que ahora estás totalmente alineado dentro de tu mundo interior.

- Aprende a relajarte en paz y a conocer. Desvincularse del resultado significa evitar el proceso de precipitarse y presionar a lo largo de la vida. Piensa en aquella bellota que se plantó en el suelo y que va camino de manifestarse como un roble. Imagina que te pones a excavar la tierra después de tres semanas para comprobar cómo le van las cosas y ver si puedes hacer algo para acelerar el proceso, de modo que este encaje en el programa que te has puesto. Evidentemente, la bellota y el roble perecerían como resultado de tus esfuerzos para acelerar el proceso.

  La inteligencia universal funciona a su propio ritmo perfecto. Proveerá tus deseos cuando estés alineado con los nueve principios detallados en este libro. Esa entrega queda garantizada por la ausencia de duda que tú mismo cultivas, por la total confianza en la presencia de esta energía en todas las cosas, incluida aquella que vas a atraer a tu vida. La mejor manera de desvincularse pacientemente es relajarse, confiar, no presionar.

  La inclinación a presionar y forzar las cosas indica que tu mente sigue dudando y exigiendo un resultado. Tu capacidad para confiar en tus sentimientos y permitir que estos, y no tu ego, sean los conductores de tu vida. Esa es la clave para manifestar el deseo de tu corazón.

- Utiliza afirmaciones para mantener el flujo de energía y para desvincularte del resultado. La información más útil que puedo proporcionarte en este sentido es bastante simple: «Soy infinito y universal, y confío en el poder divino del universo, que también está dentro de mí». Conserva esto siempre en tu conciencia y utilízalo para mantener el flujo de energía universal en tu vida. Al hacer diariamente esta clase de afirmaciones te desprendes de la impaciencia natural que hay en tu mente y te desvinculas de los resultados, y permites que la fuente fluya en tu vida, sin impedimento alguno.

Sé consciente de la buena marcha de las cosas en tu fuente interior de energía y de que surgirán las personas adecuadas para ayudarte en tu manifestación. Procura estar abierto a tu energía e imagínate a ti mismo evolucionando feliz y fácilmente a través de cada experiencia del día.

Esta afirmación, utilizada por la mañana, te permite llegar al fondo de tu ser y reconocer tu belleza infinita y el lugar perfecto que ocupas en todas las cosas que forman parte de este día. Esta afirmación te protegerá contra la negatividad a la que te verás expuesto por el lado del inconsciente colectivo y por el lado de las creencias que ya no forman parte de tu mundo interior.

Con esto concluye el octavo principio de la manifestación espiritual, que implica trascender la propia mente y la mente colectiva que ha estado contigo desde tu concepción. Exige de ti que seas paciente cuando tu mente exija resultados, y también que te desprendas de la preocupación de esta con respecto a esos resultados y que confíes en algo que tu mente no puede ver y que tu cuerpo no puede imaginar con sus limitados medios perceptivos, conocidos como sentidos. Exige que dejes que tus sentimientos más profundos se conviertan en una guía para tu vida, y que confíes en esa guía. Y, lo más importante de todo, te pide que te permitas a ti mismo conocer y ver la infinita luz blanca del espíritu vivo que te rodea y te protege, y que te proporciona todo aquello que puede imaginar tu espíritu interior, como una pieza del espíritu universal infinito.

Una vez que perfecciones esa paciencia infinita, demostrarás tu confianza en algo distinto a tu propio cuerpo/mente limitado, y permitirás pacíficamente que tus deseos se manifiesten a su modo y a su debido tiempo.

El noveno y último principio de la manifestación espiritual implica la necesidad de estar eternamente agradecido, de ser generoso y ponerse al servicio de los demás.

Noveno principio

Abraza tus manifestaciones con gratitud y generosidad

La expresión consciente de gratitud y generosidad es el último principio de este milagroso proceso de la manifestación espiritual. Experimentar una sensación de gratitud y generosidad es el resultado de estar en armonía con los otros ocho principios presentados en este libro.

La gratitud es la expresión de reconocimiento de la unicidad de la energía universal que actúa en colaboración con tus deseos.

La naturaleza de la gratitud

La naturaleza de la gratitud es la respuesta completa y plena del corazón humano a todo lo que hay en el universo. Es la ausencia de sentimiento de alienación o separación. Representa nuestro pleno reconocimiento y aprecio de la energía que fluye a través de todas las cosas y que nos aporta dones en forma de la realización de nuestros deseos.

La gratitud es una forma de reconocer que no hay que dar nada por sentado y, lo que es más importante, constituye una expresión del amor completo e incondicional a la fuerza de Dios, que está en todas las cosas. Es una forma de estar en unidad con la fuerza de Dios, en la más plena serenidad interior. Una forma de reconocer que el espíritu que hay dentro de nosotros es el mismo que sostiene toda la vida sobre el planeta.

La gratitud, pues, representa a la totalidad de nosotros mismos. Cuando nos sentimos agradecidos y damos las gracias, cuando enviamos esta clase de energía amorosa al mundo, del mismo modo que hicimos al pedir que se manifestara el deseo de nuestro corazón, nos sentimos completos. La gratitud nos permite sentirnos más conectados con aquello hacia lo que estamos agradecidos. Anula cualquier sentimiento de separación y alienación de Dios. La naturaleza de la gratitud ayuda a disipar la idea de que no tenemos suficiente, de que nunca tendremos suficiente, y de que nosotros mismos no somos suficiente.

Si tu corazón está lleno de gratitud, te sientes agradecido por todo y no te centras únicamente en lo que te falta. Si tu atención, en cambio, se centra en la escasez, le estás comunicando al espíritu universal que necesitas más y que no te sientes agradecido por lo que ya tienes. La naturaleza de la gratitud confirma nuestra plenitud y abundancia, y reconoce que somos los receptores de la generosidad de otros, de la vida y del espíritu universal.

La gratitud contribuye con una respuesta amorosa al conjunto de la creación y a nuestra relación con esta. Esa relación nos ilustra cómo todo está interconectado y es interdependiente, incluidas las manifestaciones de nuestras vidas. Al comprender la naturaleza de la gratitud, podemos identificar más claramente aquellas cosas que hay dentro de nosotros mismos y que son obstáculos para poder practicar la gratitud.

Obstáculos a la gratitud

La gratitud es un proceso interior. Es una actitud de agradecimiento que se mantiene incluso cuando las cosas no aparecen en la forma que nos gustaría. Rumi escribió: «No te lamentes por lo que no llega. Algunas de las cosas que no suceden evitan que ocurran desastres». La gratitud es una forma de enfrentarse al mundo con amor, sin prejuicios. Los tres obstáculos más habituales a una actitud de gratitud tienen origen en los procesos mentales. Representan una forma de pensar que impide que se manifieste la gratitud.

1. *Encontrar defectos.* Sin duda habrás escuchado la expresión «encontrar defectos». Pero, dentro de ese mismo contexto, raras veces encontramos la frase «encontrar amor». La gran mayoría de nosotros ponemos mucho más énfasis en encontrar defectos que en encontrar amor.

    Siempre tenemos la alternativa de buscar defectos o encontrar amor. El que se dedica a lo primero, se centra en lo que anda mal y en lo que falta. Ese centro de atención muestra crítica, juicio y cólera. La sensación es la de estar en contra de las manifestaciones que aparecen en el mundo, antes que la de estar a favor de lo que se recibe.

    Los principios iniciales de la manifestación explican que es esencial recordar que lo que pensamos es lo que se expande, tal como se expresa en la frase: «Seremos aquello que pensemos». Si utilizas tu mente para pensar en lo que está mal y en lo que falta, eso será precisamente lo que se manifestará en ti. Tu mundo interior es la fuente de lo que manifiestas. Encontrar defectos en lugar de sentirte agradecido y dedicarte a encontrar amor, garantiza que no podrás participar en la creación de tu vida y en el cumplimiento de tus deseos.

    Encontrar defectos no es algo que suceda debido a lo que observas en tu mundo. Es el observador que hay en ti el que elige un punto de vista crítico o colérico.

2. *Quejarse.* Yo tengo un lema que he utilizado durante muchos años y que es bastante simple, pero muy efectivo para superar este obstáculo a la adopción de una actitud de gratitud: «¡No te quejes! ¡No expliques!».

    El que se queja siempre se siente estafado y, en consecuencia, siente envidia y amargura hacia quienes parecen haber sido bendecidos con lo que a él le falta. El que se queja se siente aislado y separado de la bondad y el gozo. Como quiera que la plenitud de la vida parece estar ocurriendo en alguna otra parte, el que se queja está lleno de ingratitud.

Para practicar debidamente la manifestación de los propios deseos, es crucial tener una actitud de amor incondicional, sentir que no estás solo y que la vida es un don que se te ha concedido. La experiencia de lamentarse y de sentirse privado conduce a la cólera contra la fuente universal que parece haberte negado el beneficio de su aportación infinita. La misma actitud de desear quejarse es suficiente para garantizar que continuarás sintiéndote estafado en la vida. Quejarse es una expresión de la ausencia de amor que hay en tu mundo interior. Si sientes amor, no queda espacio para que te molestes porque Dios no ha cedido a las exigencias de tu ego.

El ego te instiga constantemente para que necesites y desees más y te dice que quejarse ayuda. El problema es que el ego nunca se siente satisfecho. No importa lo mucho que lo alimentes, siempre te planteará una nueva lista de demandas casi inmediatamente después de haber visto satisfechas las anteriores. Si le das alcohol hasta emborracharlo, y sexo hasta que se derrumba en el éxtasis, y drogas hasta hacerlo volar, y dinero y coches y cualquier cosa que puedas pensar, a la mañana siguiente te planteará una lista más larga de exigencias. El ego nunca se siente satisfecho y vive de acuerdo con el eslogan de que más siempre es mejor, y si ese más no llega precisamente cuando el ego siente la necesidad, tienes todo el derecho para quejarte. Eso supone un gran obstáculo para adoptar una actitud de gratitud, y es un impedimento todavía mayor para manifestar la esencia de los deseos de tu corazón.

3. *Dar por sentado lo que se tiene.* Dar por sentadas las cosas y las personas que hay en tu vida te priva de la alegría que podrías experimentar si te sintieras agrade-

cido. Dar las cosas por sentado significa pasar por la vida sin percibir la multitud de dones que hay, en todos y cada uno de sus momentos.

Piensa en las actividades y experiencias que te perderías si, de repente, desaparecieran, y cultiva una conciencia que no dé la vida por sentado. Esfuérzate por permanecer alerta para buscar amor. Recuerda que no hay momentos insignificantes. Jugar a la pelota con un niño, contemplar la forma de las nubes a primeras horas de la mañana, escuchar los sonidos de las estaciones, darle las buenas noches a un ser querido..., todas y cada una de las experiencias de la vida son una oportunidad para experimentar gratitud o su opuesto, una sensación de aburrimiento. Eso es siempre una decisión que tomas tú.

Pasar por la vida como un sonámbulo es una alternativa que impide la gratitud necesaria para convertirse en un manifestador. Si lo das todo por sentado, con ausencia de gozo y aprecio, nunca podrás ver los indicios que aparecen en la superficie y que te proporcionarán el ímpetu para emprender la acción sobre la manifestación deseada. La aparición de la persona correcta o el don inesperado que pueden ser el principio de tu manifestación serán saludados con un encogimiento de hombros y con un desinterés que te impedirán recibir tu bendición. Manténte despierto y muéstrate agradecido con todo y con todos.

Cambia tu actitud de ingratitud imaginando, aunque sólo sea por un momento, lo vacía que estaría tu vida sin esas bendiciones. A menudo no valoramos a nuestros seres queridos y todos los dones del universo hasta que ya es demasiado tarde y estos han abandonado nuestras vidas. Pienso con frecuencia en esto en relación con mis propios hijos. Sé que pronto se marcharán de nuestro hogar y que vivirán sus propias vidas, con sus propias familias. Y entonces me sorprendo al darme cuenta de lo mucho que los amo. Marcelene y yo hemos adquirido la costumbre de rodearlos con nuestros brazos y decirles lo afortunados que somos por el hecho de que formen parte de nuestras vidas, y lo privilegiados que nos sentimos por ser sus padres.

Este acto de amor evita que demos por sentada la presencia de los otros. Una expresión de gratitud hacia los abuelos, compañeros de trabajo, cónyuges e incluso los pilotos de un avión, es una forma de salir de la trampa del aburrimiento. Deja de asumir que la vida es algo garantizado. Demuestra tu aprecio por la vida y cultiva el agradecimiento.

Aprecio y desprecio

Al menospreciar algo, devaluamos o disminuimos su valor. Despreciamos las cosas o a las personas al expresar desaprobación o disgusto. Si apreciamos algo o a alguien, le damos valor con nuestra aprobación y alabanza. Al apreciar las cosas, lo que hacemos es incrementar su valor.

Es imposible sentirse agradecidos por algo o por alguien que no valoremos. Empieza a ver las cosas y a la gente tal como son en realidad, en lugar de dejarte dirigir por la valoración que haces de ellas, que es un juicio interno. Toda persona es hija de Dios. Reconoce el despliegue de Dios en cada persona a la que conozcas. Entonces podrás apreciarla. Si no lo haces así, la desprecias.

Tu experiencia del sufrimiento, el vacío y el temor se halla relacionada con tu desprecio por aquello que aparece en tu vida. Piensa en todo lo que criticas con regularidad y te darás cuenta de qué cosas has dejado de apreciar. Si encuentras defectos en los negros o en los blancos, en los musulmanes o en los judíos, en los iraquíes o los estadounidenses, en los jóvenes o los viejos, lo que estás haciendo es devaluar a grupos de personas. Una vez que participas en ese proceso de depreciación, bloqueas tu capacidad para experimentar gratitud y, en consecuencia, obstruyes tu capacidad para manifestar prosperidad, amor y alegría.

Esencialmente, la actividad de la depreciación significa que no percibes la belleza de la vida. En lugar de reforzar las percepciones erróneas de tu ego, aprendes a apreciar las cosas y, por tanto, a manifestar viendo en la otra persona o grupos de personas al Cristo que te devuelve tu reflejo.

Cultivar una actitud de gratitud

A continuación se ofrecen algunas sugerencias para activar la práctica de la gratitud. Aprende a ser agradecido por todo lo que eres, por todo lo que tienes, y potenciarás tu capacidad para manifestar en tu vida la esencia de todo lo que deseas.

- Aprende a imaginarte como receptor en vez de como víctima. Prácticamente todo aquello que posees en tu vida, lo tienes gracias al esfuerzo de los demás. Tus muebles, coche, hogar, ropas, jardín y, sí, incluso tu propio cuerpo son, de algún modo, dones ofrecidos por los demás. Sin los esfuerzos de miles y miles de personas que obran en armonía, no tendrías nada que mostrar en tu vida.

  Aunque seas una «persona hecha a ti misma», no podrías haber llegado muy lejos sin los dones de los elementos básicos que utilizaste para hacerte a ti mismo. Sólo tienes que recordar cada día este hecho y la gratitud empezará a sustituir al cinismo.

- Practica la expresión silenciosa de gratitud cuando empieces a ver la manifestación de tus deseos a partir de la fuente universal. Todo lo que se necesita es un sencillo e íntimo: «Gracias Dios mío, veo tu obra en mi vida y reconozco con amor mi aprecio por todo lo que me has aportado». Esta clase de recordatorios íntimos impedirán que te veas bloqueado por esos obstáculos sobre los que acabas de leer.

- Conviértete en una persona dispuesta a decirles a quienes te rodean lo mucho que los aprecias. Realiza un esfuerzo para decir en voz alta lo mucho que amas a los miembros de tu familia, sin convertirlo en un ritual ficticio. Muéstrate dispuesto a decir en voz alta el encantador hogar que tienes y lo mucho que lo aprecias, o expresa tu aprecio por alguien que te lava la ropa o que te prepara una comida exquisita. Hazlo de una forma sincera y verás con qué rapidez encuentras reciprocidad y aprecio por esta actitud.

Puedes practicar esta actitud de gratitud con personas extrañas. Haz pequeños favores, como devolver el carro de la compra a la tienda, en lugar de dejarlo en el aparcamiento, o decirle a la camarera lo mucho que aprecias su amable atención a los detalles. Cuanto más dispuesto estés a expresar gratitud, tanto más cultivarás una experiencia de amor incondicional que, como ya sabes, es el secreto de la manifestación.

- Sé agradecido y quéjate lo menos posible. Recuerda mi eslogan personal: «¡No te quejes! ¡No expliques!». Conténte cuando estés a punto de encontrar un defecto en alguien o en alguna situación. Entonces, en lugar de eso, di algo que refleje una voluntad de encontrar amor: «Probablemente, no les han enseñado a realizar adecuadamente esa tarea», en lugar de decir: «Ya no queda nadie que sepa hacer las cosas bien. No sé adónde va a parar este mundo».

Cuanto más practiques la ausencia de crítica y de quejas, tanto más se llenará de amor y de aprecio el vacío que hay en ti. Concédete un período específico de tiempo para practicar y aprender a no quejarte y encontrar defectos, quizá durante treinta días. Experimentarás cómo te vacías del rencor y de las quejas de tu interior, y su sustitución por la apertura al amor, el aprecio y la gratitud. La presencia del amor incondicional te conducirá al fondo de ti mismo, allí donde es posible la manifestación de tus deseos.

- Empieza y termina el día con una expresión de gratitud y da las gracias. Cada mañana, al levantarte se te ha concedido el don de una salida del sol y de veinticuatro horas de vida. Es un don precioso. Tienes la maravillosa oportunidad de aprovechar este día y vivirlo gozosamente, con aprecio por todo aquello que encuentres.

  Respira profundamente y siéntete agradecido por esta magnífica experiencia de respirar en la vida y en el amor. De modo similar, termina el día con una expresión de amor y una repetición de la palabra paz, *Shalom*. Esa palabra combina los sonidos de la manifestación y de aquello que se ha manifestado para ti.

- Sé consciente de la necesidad de sentirte agradecido por el sufrimiento y las luchas que forman parte del tejido de tu vida. En ocasiones, resulta muy fácil sentirse simplemente enojado ante el sufrimiento, en lugar de reconocer que eso es un catalizador para tu búsqueda y despertar.

  Tu capacidad para conocer el poder de la amabilidad y del amor surgió muy probablemente a partir de alguna oscuridad y dolor experimentados en el pasado. Sin aquellas experiencias, seguirías atascado. Las adicciones enseñan el elixir de la pureza. La cólera enseña el éxtasis del amor. La ingratitud enseña la necesidad de la gratitud. Acumular enseña el placer de dar. Tu dolor te enseña a ser más consciente de tu existencia y a amar a los demás.

  Tu varicela te enseñó a evitarla más tarde en la vida, al darte la oportunidad de crear anticuerpos en tu sistema inmunológico. ¡La vida trae consigo los exámenes! Siéntete agradecido por esos exámenes, en lugar de mostrarte crítico con ellos.

- Recuerda que la naturaleza del pensamiento es la de incrementarse. Cuantos más pensamientos se centren en lo que te falta, tanto más deficiente te sentirás y mayores serán las quejas que expresarás. De modo similar, cuanto más practiques la gratitud, tanto más agradecimiento y aprecio experimentarás por todo lo que te proporciona la vida, y tanto más alimentarás tu experiencia de abundancia y de amor. Y cuanto más lo practiques, incluso con los pequeños detalles, tanto más abundante te sentirás y, en último término, tanto más atraerás hacia ti mismo.

Una de las cosas que he venido haciendo desde hace años es ofrecer una expresión de agradecimiento a Dios cada vez que encuentro una moneda, independientemente de su valor. La moneda es para mí un símbolo de la prosperidad que ha sido puesta en mi camino. He descubierto que recibo monedas casi cada día. Una moneda de cinco centavos aquí, una de veinticinco centavos allá, en la acera. Aparecen con regularidad, casi como un recordatorio de todo lo que se ha manifestado en mi vida. Me limito a recoger la moneda y digo: «Gracias, Dios mío. Sé que estás trabajando en mi vida y me siento agradecido por este símbolo». Cada vez que recibo una moneda de esta manera, siento el deseo de extender el favor a otros, con alguna forma de generosidad. Nuestra gratitud se extenderá en último término en la generosidad y en el servicio a los demás.

Generosidad y servicio: el paso final en la manifestación

La extensión natural de sentirse agradecido es el desarrollo de un corazón generoso. La generosidad perfecta es la voluntad para dar de uno mismo y de todo aquello que ha manifestado sin esperar nada a cambio. Quizá te parezca paradójico que la fase final de la manifestación del deseo de tu corazón sea el compartir generosamente lo que has recibido y alejar tu atención de lo que has pedido que se manifieste. No obstante, si revisas todos los principios de la manifestación espiritual, te darás cuenta de que esto es consecuente con lo que hemos dicho hasta ahora.

La manifestación supone conectar con el espíritu universal, que es infinito y abundante en su variedad. No se trata de ver las propias necesidades, sino más bien de sentirse completo con esa abundancia radiante. No se trata de anhelar y pedir. Se trata de expresar un amor incondicional y de atraer ese amor abundante a tu vida individual. Mientras estés en tu cuerpo físico, tendrás deseos. No tienes por qué avergonzarte por ello o no sentirte espiritual. Tu cuerpo y las necesidades físicas de tu ser material pueden ser satisfechos con dones abundantes, y lo serán siempre y cuando sigas estos nueve principios y no permitas que tu ego vuelva a hacerse con el control de tu vida.

Al sentir la presencia de esa abundancia, tu sensación de gratitud te empujará en la dirección de la generosidad. Es en la expresión de tu generosidad donde te sentirás más conectado con el amor incondicional del espíritu universal. Cuanto más sientas el deseo de compartir incondicionalmente lo que recibes, tanto más experimentarás el flujo de ello en tu vida.

Generosidad y autoliberación

La generosidad es útil para tu propia liberación en la medida en que te enseña la cualidad interior del desprendimiento. Desprenderte y liberarte de las cosas a las que te sientes más apegado es la mejor manera de liberarte de tu ego. La necesidad de aferrarte a las cosas y al dinero que recibes surge a partir de la sensación de estar incompleto. La práctica de la generosidad te alinea con tu sentido del amor y de plenitud.

La generosidad que te da liberarte de tu ego se extiende mucho más allá de compartir simplemente tus posesiones materiales. La generosidad significa ofrecer amabilidad, cuidado, amor y nutrición allí donde se necesiten. Además, el espíritu de la generosidad puede relacionarse, y en último término se relaciona con la forma que tenemos de tratarnos a nosotros mismos. Si tienes un corazón generoso al que no le angustia dar, te tratarás a ti mismo de forma amorosa, y te nutrirás sin ningún sentido de culpabilidad.

Si eres capaz de dar libremente, en un acto incondicional de amor, sin expectativas, experimentas lo que considero como una libertad total. Renuncias a aferrarte a tu ego engreído, que te anima a creer en la limitación y en la competencia. Esta capacidad para dar sin condiciones supone también un reconocimiento de que aquello que se ha manifestado en tu vida procede de una oferta infinita y de que no puedes experimentar nunca una conciencia de escasez porque sabes que formas parte de esa oferta infinita.

Dar y recibir: la forma en que funciona el universo

Cada vez que inspiras y espiras, participas en un proceso de dar y recibir que es vital para el mundo material y espiritual. Con cada inhalación absorbes el oxígeno y el nitrógeno que necesitas para existir, y con cada exhalación devuelves el anhídrido carbónico del que se nutre todo el mundo de las plantas. El ciclo de dar y recibir generosamente es exactamente el mismo que el acto de respirar.

Mira a tu alrededor y observa que todo en nuestro universo es resultado de dar y recibir. Toda la cadena alimenticia representa dar y tomar vida, para luego volver a dar en un ciclo infinito de manifestación material. Los gusanos que comen los pájaros, los excrementos de estos, la comida que es el pájaro, el reciclado de la carne del pájaro y así sucesivamente.

Todo eso tiene que producirse aquí, en este universo. No es algo que salga y luego vuelva a entrar. Se trata, simplemente, de un proceso de dar y recibir diferentes formas de energía. El hierro de tu corriente sanguínea forma parte de la infinita oferta de hierro que regresará de otra forma una vez que tú hayas abandonado el mundo físico, quizá en las alas de un murciélago. Tú aportas tu propia oferta de hierro y tomas lo mismo. Dar y recibir es una función natural de la vida.

El flujo natural de dar y recibir puede detenerse con la tacañería y la acumulación. El proceso funciona de la misma forma a nivel espiritual. Tú envías amor y afabilidad, que te son devueltos multiplicados por diez. El viejo dicho: «Según hagas, así te harán» es algo más que un sentencioso consejo. Es un hecho del universo, a todos los niveles de la conciencia. En realidad, en eso consiste precisamente la manifestación.

Tú envías energía amorosa para conectarte con aquello que deseas y ésta se te devuelve. Es una acción de dar y recibir. No obstante, puedes interferir en esta progresión natural del dar y recibir al aferrarte egoístamente a lo que se manifieste en tu mundo material y detener el flujo de energía que aporta abundancia. Esta conciencia de escasez es obra del ego, que siempre se siente incompleto porque está convencido de hallarse separado de Dios.

Cultiva una actitud de generosidad

He aquí unas pocas sugerencias para poner generosidad en tu práctica de la manifestación y mantener el flujo natural de dar y recibir que mueve tu vida.

- Reconoce en primer lugar que esta es una forma de ser que se puede desarrollar. Quizá estés convencido de que dar es imposible porque tienes demasiado poco para ti mismo. Si no eres generoso cuando serlo es difícil, no lo serás tampoco cuando te resulte fácil. La generosidad es una función del corazón, no de la cartera.

  Puedes dar de ti mismo, compartir lo poco que tienes con aquellos que están más necesitados, puedes dar el diezmo a quienes te aportan alimento espiritual sin pedir nada a cambio. Un corazón generoso es aquel que no impone limitaciones a su capacidad para ser generoso con los demás, y que no lo hace por la recompensa o el reconocimiento. Puedes cultivar esta actitud de generosidad y practicarla enviando amor y afabilidad con tanta frecuencia como te sea posible. En último término, se contagiará a otros y te conducirá a una mayor manifestación de los deseos de tu corazón.

- Piensa en la multitud de cosas que haces cada día por otros, incluidos los animales y el entorno del que formas parte, y considéralas como formas de practicar la generosidad. Hablar con un vecino solitario, alimentar a un gato callejero, abrir una puerta, pagar anónimamente el peaje del coche que viene detrás de ti, recoger a tus hijos del colegio, pasar la aspiradora por la alfombra, llenar el depósito de gasolina del coche para tu esposa o lo que se te ocurra en los miles de acciones que realizas cada día. Recuerda que practicas la generosidad, en lugar de sentirte ignorado o poco apreciado.

  Y, lo más importante, recuerda que dar sin expectativa de reconocimiento es verdaderamente la obra de tu yo superior. El ego necesita y exige que se le rindan honores con la mayor frecuencia posible, acompañado además de una gran fanfarria. Procura mantener en la intimidad tus actos de generosidad, sin fanfarronear acerca de tu gran espíritu generoso.

- Sé consciente de la resistencia interior que surge dentro de ti cuando sientes el impulso de dar. Tu temor a no tener suficiente para ti mismo y tu familia, tus dudas acerca de si los otros están verdaderamente necesitados, tu timidez o azoramiento, el hecho de que los otros no lo aprecien debidamente o de que quizá no hagan sino pedir más, son impulsos que debes respetar como válidos. Todas estas dudas y temores deberían ser examinados sin prejuicios. Representan una parte de tu respuesta condicionada a la generosidad.

Al dar porque uno tiene un espíritu generoso y para extender amor, y no por ninguna otra razón, se desvanecen todas esas dudas. A mí se me critica a menudo cuando doy dinero en la calle a un evidente drogadicto. Cuando me dicen: «Con ese dinero sólo van a comprar más droga», mi respuesta es: «Lo que hagan con el dinero no tiene nada que ver con el motivo por el que se lo he dado. Este ser humano que se conecta con otro en un espíritu de amor, puede ser el acto de afabilidad y generosidad que le acerque un poco más a Dios, donde tiene lugar la curación genuina».

- Propónte practicar la generosidad durante determinados períodos, particularmente para ayudar a otros.

  A veces observo a mi hijo más pequeño jugando al fútbol él solo, dándole patadas a la pelota y deseando que alguien jugara con él. Entonces me recuerdo a mí mismo la necesidad de olvidarme de los millones de cosas que tengo que hacer, mi estado de fatiga, mi deseo de ver un vídeo o lo que sea, y dedico las próximas horas a compartir simplemente mi tiempo con él. No lo hago porque sea magnánimo, sino porque es una oportunidad para ser generoso con mi tiempo y con mi amor. También me proporciona la gloriosa oportunidad de hacer algo que realmente me encanta, que es estar con mi muchacho, al que amo tiernamente.

- Practica la virtud de recibir. Acepta la ayuda cuando otros te la ofrecen. Permite que otros hagan algo por ti, sin sentirte en una situación embarazosa ni tener la sensación de que tu independencia se ve amenazada. Recuerda que dar y recibir constituyen el intercambio natural de la energía del universo. Esa es la fuente misma de tu práctica de la manifestación.

  Al rechazar la ayuda que se te ofrece, interrumpes el flujo natural de energía, del mismo modo que cuando rechazas el dar. Practica y di: «Gracias, aprecio mucho tu ayuda», aun cuando tu ego te diga: «Realmente, no la necesito». Recibir forma parte de la práctica espiritual de la manifestación, y de ti depende permitir que eso se produzca en tu vida, con gratitud y amor.

- Descúbrete a ti mismo en el momento en que experimentes ingratitud y utiliza ese momento para practicar tu nueva generosidad. Una vez que percibas la escasez, tu inclinación inmediata será la de acumular, pero dedicarte a acumular no hace sino ampliar los efectos de tus sentimientos de tacañería y temor.

  Esto puede suponer algo tan sencillo como dar una propina mayor de la esperada, o puede implicar el expresar amor o un cumplido a aquellos ante quienes practicas tu comportamiento de escasez. En esos momentos, déjate guiar por tu yo superior, que desea experimentar gozo y paz y manifiesta un poco de generosidad. Recuerda que un espíritu generoso infunde alegría y fortaleza a la mente. Así es precisamente como te sentirás cuando hayas superado la respuesta condicionada que te induce a la acumulación y la tacañería.

- Practica dar un poco más de lo que creas que puedes dar, y un poco más de lo que te resulte cómodo. Sé algo más paciente con un niño, dale a tu cónyuge un abrazo apasionado más prolongado que el abrazo superficial al que está acostumbrado, dale un poco más de dinero de lo habitual a la camarera que te atendió durante tu estancia en el hotel.

  Procura ir más allá de tu límite de generosidad, con la plena seguridad de que eso no va a causar ninguna dificultad en tu vida. Sabe también que eso te proporcionará un sentido de realización espiritual que te hará sentirte más cerca de Dios, y que te pondrá realmente en contacto con tu yo superior.

  Puedes intentar también ser un poco más generoso de lo habitual contigo mismo. Pide ese plato del menú que cuesta un poco más, o concédete unos pocos días extra de vacaciones, o permítete el lujo de que te apliquen un masaje corporal o facial relajantes.

Acostúmbrate a proyectar tu generosidad como un servicio

En este mundo todos vivimos con otras personas; nuestros encuentros y relaciones con ellas constituyen un componente fundamental de nuestra vida e influyen sobre nosotros mismos y los demás. «Servicio» es una palabra en la que no solemos pensar como parte de nuestra forma de ser en las relaciones corrientes. Pero lo cierto es que el servicio a los demás no puede separarse de las relaciones. Todos nos beneficiaremos de asumir esto como una actividad consciente de nuestras vidas cotidianas en relación con Dios, con nuestros semejantes, nuestro entorno y nosotros mismos.

Millones de fibras nos conectan con nuestros semejantes y, a través de ellas, estamos conectados con todos los seres humanos que habitan nuestro planeta. Al cultivar una actitud de gratitud y generosidad, descubrirás que deseas ser útil a los demás. Te parecerá entonces natural extender también hacia los demás aquello que recibes y ponerlo a su disposición.

Si recibes una gran enseñanza, querrás enseñarla a los demás. Si recibes amor, desearás proyectar ese amor incondicionalmente hacia el exterior. Percibirás automáticamente tus relaciones como dones para ponerlos al servicio de otros.

Al contemplar el propósito de tu vida en el plano material, descubrirás que lo único que puedes hacer con esta vida es entregarla. No puedes aferrarte a nada en un universo que cambia constantemente. No puedes establecer derechos sobre nada. Todo es transitorio. La única parte de ti mismo que es permanente, aquella que no cambia, es la esencia espiritual que reside en una dimensión invisible. Encontrarás un propósito y fortaleza cuando veas que estás relacionado con todos los otros seres vivos, y tendrás un propósito y te sentirás en paz contigo mismo cuando sirvas a los demás en alguna medida.

El propósito mismo de la manifestación es el de servir más plenamente y dejar atrás el engreimiento dominado por el ego. Tu bienestar, que es el propósito de la práctica de la manifestación, se halla genuina e inextricablemente conectado con las vidas y el bienestar de otros. Esencialmente, tus intereses son inseparables de los intereses de los demás.

Es este reconocimiento de nuestra interconexión fundamental lo que nos permite darnos cuenta de que todos estamos en una constante situación de servicio los unos con los otros. Es esta conciencia la que queremos mantener como la más importante en nuestra mente, a medida que generamos este principio de la manifestación espiritual.

El servicio es la opción que tenemos cada uno de nosotros de mostrar una actitud útil y curativa a otros, así como a nosotros mismos. Una de las consecuencias naturales de sentirse agradecido por las manifestaciones de nuestra vida cotidiana es la de experimentar la inclinación a ser generoso. La gratitud, la generosidad y una actitud servicial, tomados como nuestro propósito, constituyen los valores fundamentales de este último principio.

Al asumir el servicio a los demás como uno de los propósitos de tu vida y dejar atrás el engreimiento, descubres la ironía de la manifestación. Cuanto más decidas ponerte al servicio de los demás, tanto más profundamente experimentarás amor incondicional y tantas más cosas verás materializarse en tu vida.

El servicio debe verse como un centro de atención en tu vida, no como algo que se ve limitado a ciertas clases de actividades de dar y compartir. El servicio es un estado de la mente que expresa amor, antes que temor, y confianza antes que desconfianza. Y que hace que veamos a los demás como iguales con los que compartimos una identidad espiritual. Esta actitud interior de amor se manifiesta en tus actos.

Al aceptar un compromiso para dar una conferencia, deseo ser amor y compartir generosamente lo que se me ha dado. He descubierto que, cuando me dispongo a dirigirme a un público numeroso, la mejor forma de salir de mi ego, que está centrado en sus propias recompensas, como el aplauso, el ganar dinero y el recibir premios, consiste en meditar durante una hora antes de la conferencia. El mantra que repito durante mis meditaciones es: «¿Cómo puedo ayudar a los demás?». Me repito una y otra vez estas palabras hasta que se funden para formar una pacífica actitud interior. Luego, cuando me dispongo a pronunciar la conferencia, centro toda mi atención en servir y no me veo atrapado por mi ego. En este estado mental, disfruto de una guía amorosa que me ayuda a servir a todos aquellos que forman parte del público.

Que sirvas a los demás no significa que tengas que convertirte en una madre Teresa. Servirás a los demás dejando el ego en suspenso y extendiendo el amor que ahora llena ese espacio. Puede adoptar un millón de formas diferentes, pero cuando se practica con autenticidad, desde el corazón, hace que merezca la pena todo lo que se ha manifestado en tu vida.

Sólo encontrarás dificultades para adoptar esta actitud de servir a los demás en tu vida si lo haces sin amor. En el momento en que impongas una condición a tu servicio, o que pidas algo a cambio, o que esperes que tu ofrecimiento sirva para que te lo devuelvan, acompañado por la apropiada respuesta de agradecimiento, introduces un elemento condicional, antes que un amor incondicional. La imposición de una condición hace entonces que el servicio esté vacío.

Si vas a servir a otro, pregúntate si puedes amar al ser humano al que quieres servir. Si no puedes, no entregues nada sin amor y limítate a pasar y a enviarle una bendición silenciosa. Si tienes la sensación de que alguien pide limosna inducido simplemente por la pereza o el deseo de evitar el trabajo, y sientes eso en el fondo de tu corazón, no le des nada. El servicio sin amor es obligación, y lleva consigo culpabilidad, cólera y resentimiento. Trabaja para alcanzar un estado de amor incondicional en tus esfuerzos por ser útil a los demás, y si no percibieras auténtico amor, reconócelo también así.

Con esto concluye el noveno principio de la manifestación espiritual. Muéstrate dispuesto a tomar todo lo que hayas atraído hacia ti como resultado de tu práctica de los principios de la manifestación, y devuélvelo después con un espíritu de gratitud y generosidad, entregándote a un acto de servicio. Cuanto más practiques de este modo, tanto más verás cómo se materializan con regularidad los objetos de tu deseo. No tiene por qué haber ningún conflicto entre tu conciencia espiritual de querer servir a los demás y la presencia de deseos propios. Tal y como observó Rumi hace ya casi un milenio: «La gente que renuncia a los deseos se convierte a menudo, de repente, en hipócrita».

Tienes deseos, tanto a nivel material como en términos de ser más espiritualmente amoroso y generoso al servicio de los demás. Ambas cosas no tienen por qué entrar en conflicto.

Quisiera acabar este último principio con otra observación de Rumi, titulada «El sirviente que amaba tus oraciones». Sintetiza todo lo que he escrito, no sólo aquí, en este último principio sobre la gratitud, la generosidad y el servicio, sino en todo el libro. Lee cuidadosamente las palabras y, al cerrar el libro y ponerte a trabajar en tu propio programa de manifestación espiritual, vuelve a leer de vez en cuando este pasaje de Jalal od-Din Rumi,* que nació en el año 1207 en el Imperio persa, en lo que actualmente se conoce como Afganistán. Te recordará el papel que juegas en todo esto, un papel que sólo se ve limitado por las restricciones que tú mismo impones sobre tu conciencia espiritual.

El sirviente que amaba sus oraciones

Al amanecer, un cierto hombre rico
quiso ir a los baños de vapor.
Despertó a tu sirviente, Sunqur,

---

* Grijalbo ha publicado una selección de su obra más importante, *El canto del derviche*, en 1996.

«¡Eh! ¡Despierta! Toma la jofaina
y las toallas y la arcilla para el lavado
y vámonos a los baños».
Inmediatamente, Sunqur reunió lo que se necesitaba,
y se pusieron en camino, uno junto al otro.

Al pasar ante la mezquita, sonó la llamada a la oración.
Sunqur amaba orar cinco veces al día.
«Os lo ruego, amo,
descansad en este banco durante un rato,
para que pueda recitar la azora 98, que empieza diciendo:
"Tú, que tratas a tu esclavo con afabilidad"».

El amo se sentó en el banco, mientras Sunqur entraba en la mezquita.
Una vez terminadas las oraciones, cuando el sacerdote y todos los fieles se habían marchado,
Sunqur seguía en el interior. El amo esperó
y esperó. Finalmente, gritó hacia la mezquita:
«Sunqur,
¿por qué no sales?».
«No puedo. Este inteligente
no me deja. Tened un poco más de paciencia.
Os escucho ahí fuera.»
El amo esperó hasta siete veces,
y luego gritó. La respuesta de Sunqur fue siempre la misma,
«Todavía no. Aún no me deja salir».
«Pero si ahí dentro no hay nadie,
excepto tú. Todos se han marchado.
¿Quién te hace permanecer sentado tanto tiempo?»

«El que me mantiene aquí dentro
es el que os mantiene a vos ahí fuera.
El mismo que no os permite entrar,
no me permite a mí salir.»

El océano no ofrece tus peces por sí mismo.
Tampoco permite que los animales terrestres
entren donde se mueve el pez delicado y sutil.

Las criaturas terrestres se mueven sobre el suelo.
Ninguna inteligencia puede cambiar esto. Sólo hay uno
que puede abrir la cerradura de estas cuestiones.

Olvida tus imaginaciones. Olvídate de ti mismo. Escucha a tu
  Amigo.
Cuando seas totalmente obediente a ese,
  serás libre.

Te deseo que nades siempre en el océano de la abundancia, al mismo tiempo que manifiestas tu propio y divino destino. *Escucha a tu amigo.*

Resumen

Quisiera que vieras los nueve principios juntos, de modo que puedas consultarlos con frecuencia y ver cómo configuran un programa paso a paso para poner en práctica la conciencia de la manifestación espiritual en tu vida. Cada principio fluye hacia el siguiente, y si los aplicas de este modo secuencial, te puedo garantizar que empezarás a verte a ti mismo como un milagro absoluto, como un individuo conectado con el espíritu universal que todo lo impregna, de una manera tan firme que te darás cuenta de que eres el cocreador de tu propia vida y de todo lo que atraes hacia ella.

Los nueve principios

Uno
- *Sé consciente de tu ser superior*
  Esta toma de conciencia te ayuda a verte a ti mismo como algo más que simplemente una creación física, lo que conduce a...

Dos
- *Confiar en uno mismo es confiar en la sabiduría que lo creó*
  Este principio te establece como una unidad con la fuerza universal de Dios, lo que conduce a...

Tres
- *No eres un organismo en un entorno, sino un ambientorganismo*
  Este principio establece que no hay separación entre tú y nada que exista fuera de ti en el mundo material, lo que conduce a...

Cuatro
- *Puedes atraer aquello que deseas*
  Este principio establece tu poder para atraer aquello con lo que ya estás conectado, lo que conduce a...

Cinco
- *Respeta tu mérito para recibir*
  Este principio afirma que eres merecedor de todo lo que has atraído a tu vida, lo que conduce a...

Seis
- *Conéctate a la fuente divina con un amor incondicional*
  Este principio te hace ser consciente de la importancia de aceptar tus manifestaciones con absoluto amor, lo que conduce a...

Siete
- *Medita al sonido de la creación*
  Este principio te proporciona las herramientas para vibrar según los mismos sonidos que hay en el mundo de la creación. Estas son las herramientas para atraer y manifestar, lo que conduce a...

Ocho
- *Desvincúlate pacientemente del resultado*
  Este principio resalta la necesidad de eliminar las exigencias y ser infinitamente paciente, lo que conduce a...

Nueve
- *Abraza tus manifestaciones con gratitud y generosidad*
  Este principio enseña el valor de domesticar el ego, sentirte agradecido y ponerte al servicio de los demás con tus manifestaciones.